KB097739

이지은

한국에서 한국어로 한국어를 가르치는 사람.
끝내주는 카피를 만드는 광고인을 꿈꾸었으나 재능이 없다는
것을 깨달았을 즈음 '한국어 선생'이라는 직업을 만났다.
부산대학교에서 한국어 교육학 박사 학위를 받았으며
8년째 외국인들을 가르치고 있다. 교실에 들어갈 때마다
여전히 설레며 재미있는 수업 시간을 만들기 위해
매일 고민한다. 국내외 한국어 선생님들의 이야기를 담은 책
『나와 당신의 한국어』에 공저로 참여했다.

한국어 수업하는 법

한국어 수업하는 법

우리말로 세계와
만나기 위하여

이지은 지음

한국어 생선님께

아침 8시, 집에서 나와 근처 커피숍에서 아이스아메리카노 한 잔을 산다. 학교에 도착해서 커피를 마시며 수업을 준비한다. 9시에 교실로 들어가면 나를 기다리는 9개국의 학생들이 있다. 우리는 12시 50분까지 한국어로만 이야기한다. 파란 눈의 학생도, 히잡을 쓴 학생도 모두 "감사합니다, 내일 만나요" 인사한다.

　나는 한국에서 한국어로 한국어를 가르치는 한국어 선생님이다. 한국어 선생이라는 직업이 생소한 사람들에게 이 직업이 얼마나 매력적인지 알려 주고 싶어서 이 책에 내 모든 경험을 꾹꾹 눌러 담았다. 그리고 지금도 여러 곳에서 한국어를 가르치는 선생님들에게 이 직업이 얼마나 힘든지 공감을 얻고 싶어서 내 모든 걱정과 불안도 꾹꾹 눌러 담았다. 그런데 이쯤에서 고개를 갸웃하는 사람들도 있을 것이다.

"아니 첫 페이지부터 오타가 있잖아. 한국어 생선님이라니……"

'생선님'은 학생들이 선생님을 부를 때 실수하는 단어 중 하나다. 나는 이 '생선님'이라는 학생들의 귀여운 실수가 한국어 선생님만 가질 수 있는 애칭이라고 생각한다. 아, 또 한 가지 있다. 생선님, 새해 '독' 많이 받으세요!

2015년부터 8년 동안 나는 40개국의 학생들을 만났다.

중국, 일본, 베트남, 몽골, 필리핀, 말레이시아, 싱가포르, 태국, 홍콩, 대만, 미얀마, 방글라데시, 인도네시아, 인도, 파키스탄, 네팔, 영국, 프랑스, 스페인, 이탈리아, 오스트리아, 스웨덴, 리투아니아, 독일, 네덜란드, 오스트레일리아, 러시아, 리투아니아, 벨라루스, 사우디아라비아, 나이지리아, 에티오피아, 이스라엘, 가나, 튀르키예, 키르기스스탄, 카자흐스탄, 우즈베키스탄, 미국, 캐나다, 멕시코, 파나마, 콜롬비아, 브라질.

모두 한국에서 말이다. 나는 다른 나라에서 한국어

를 가르친 경험이 없다. 나는 한국에서 한국어로 한국어를 가르치는 선생님이다. 처음에 이 직업을 알게 되어 준비할 때 나도 다른 나라에서 한국어를 가르치고 싶다는 생각이 있었다. 용기가 부족해서, 타이밍이 맞지 않아서 등등 여러 가지 이유가 있었지만 지금 생각해 보면 한국에서 한국어를 가르치는 것도 충분히 의미 있고, 또 큰 보람과 즐거움을 느꼈기 때문인 것 같다. 특정 나라에서 한국어를 가르치면 그 나라 학생들만 만날 수 있다. 하지만 한국에서 한국어를 가르치면 세계 여러 나라 학생들을 한 교실에서 만날 수 있다.

나는 오로지 한국어로만 한국어를 가르친다. 물론 손짓 발짓으로 단어를 설명하기도 하고 때로는 연극배우라도 된 듯 마임을 하기도 한다. 사실 유창하게 할 수 있는 외국어가 없는 것도 맞지만 한국어를 한국어로 가르칠 때 더 효과가 크다는 것을 알게 되었기 때문이다. 그리고 교실에 여러 나라 학생들이 함께 있기 때문에 특정 외국어를 사용할 수 없다는 이유도 있다. 이쯤 되면 또 궁금할 것이다.

"학생들이 영어로 질문하면 어떻게 대답할 거야? 학생들이 한국어 설명을 이해 못하면 어떻게 해?"

이런 질문에 대한 답은 이 책을 다 읽으면 알 수 있

을 것이다. 이 글을 통해 한국어로 세계인을 만나는 법에 대해 흥미가 생기기를 바란다. 앞으로 이야기할 내용은 이런 매력적인 직업을 갖기 위해 내가 했던 눈물 나는 노력과 8년 동안 한국어 선생으로 일하면서 생긴 고집, 내가 만났던 여러 나라 학생들에 관한 것이다. 집에서 10분만 걸어가면 세계인과 한국어로 소통할 수 있는 이 매력적인 직업을 많은 사람에게 소개하고 싶다.

들어가는 말

　－ 한국어 생선님께 … 9

1　한국어 선생이 되기 위한 나의 고군분투기 … 15

2　한국어로 한국어를 가르치는 한국 사람 … 25

3　초보 선생님, 초급 학생들을 만나다 … 33

4　어느덧 8년 차, 여전히 이 일이 즐겁습니다 … 41

5　왜 재미있는 수업에 집착하는가 … 55

6　한국어 수업에서 중요한 세 가지 … 65

7　'진짜' 한국어 … 75

8　애증의 관계, 파파고 … 85

9　한국어를 배우는 한국인 … 93

10　선생님, 저는 K - POP 안 좋아하는데요 … 99

11　한국어 선생의 사계절 … 105

12　겉으로는 신의 직장 … 115

13　한국어 선생님, 계속할 수 있을까요? … 121

나오는 말

　－ 다시 한번, 두 번 다시 … 127

〔 1 〕
한국어 선생이 되기 위한 나의 고군분투기

나는 스물여섯 살에 한국어 선생이 되어야겠다고 생각했지만, 그런 간절함과는 달리 3년이 지난 스물아홉 살에야 될 수 있었다. 전공도 다르고 관련 정보도 없는 내가 한국어 선생이 되는 일은 정말 어려웠다. 내가 이 직업을 얼마나 열망하고 갈망했는지 그 눈물 나는 과정을 먼저 소개하고 싶다.

어렸을 때 엄마와 갔던 한약방의 할아버지는 나에게 "크면 선생님이 되겠네"라고 하셨고, 엄마는 그 말씀이 마음에 들었는지 내가 공부하지 않고 텔레비전에 빠져 있으면 나에게 공부하라는 말 대신 한약방 할아버지의 말씀을 꺼내시곤 했다. 나는 공부를 잘하지도 못하지도 않는 학생이었는데, 중학교 때 친구들이 교육대학교에 가려면 모든 과목이 '수'와 '우'여야 한다고 했다. 그때 내 손에 있는 성적표에는 '미'가 두 개, '양'도 하나 있었다. 그렇게 선생이 되려는 꿈은 조용히 사라졌다.

텔레비전을 좋아하던 나는 텔레비전 광고를 보고 흉내 내기를 좋아하는 사람이 되었고, 그런 광고 문구를 만드는 멋진 사람이 '카피라이터'임을 알게 되어 광고홍보학과에 입학했다. 하지만 카피라이터에 재능이 없다는 것을 깨달았을 때는 이미 4학년이었다. 이때 내 인생에 중요한 한 사람을 만나게 된다. 뉴미디어 수업 시간에 조별 과제를 위한 팀을 짜는데 교수님이 어떤 남학생에게 "축진이랑 같이 팀을 하세요"라고 했다. 그런데 그 남학생이 "네? 그게 사람 이름입니까?"라고 했고, 킥킥대는 소리가 여기저기서 들렸다. 그 웃음소리를 듣고 알 수 없는 정의감에 불탄 나와 내 친구는 손을 들고 우리가 같이 하겠다고 했다. 그렇게 그녀를 처음 만났다.

축진. 그녀는 우리 학과에서 유일한 유학생이었다. 요즘과 다르게 유학생이 흔하지 않았기에 신기하기도 하고 궁금하기도 했다. 그녀는 내가 생각했던 것보다 한국어를 잘하지 못했다. 그래서 어렵게 이야기를 나누고 각자 역할을 맡아 무사히 뉴미디어 조별 발표를 마쳤다.

그리고 대학원에서 다시 그녀를 만났다. 나는 광고인으로 취직할 능력도 용기도 없어서 방황하다 진로 상담에서 교수님의 추천으로 언론대학원에 입학해 조교를 하며 공부를 하고 있었다. 그녀와 '커뮤니케이션 이론'이라는 수업을 같이 들었는데, 각 이론의 내용을 요약해 발제하는 과제가 매주 있었다. 시간이 흘렀지만 그녀의 한국어 실력은 여전했고, 대학원 연구실에서 나는 그녀에게 요약하는 방법을 알려 주곤 했다.

그렇게 한 학기를 보내고 건강에 문제가 생겼다. 이 사건 또한 한국어 선생이 되는 결정적인 계기가 되었는데, 목이 부어서 병원에 갔더니 큰 병원에 가 봐야 한다고 했고 결국 대학병원에서 수술을 하게 되었다. 지금 생각해 보면 성대 근처에 낭종이 생겨 제거만 하면 되는 수술이었는데 어린 나이에 나는 「마지막 잎새」의 존시라도 된 양 매일 울며 슬퍼했다. 수술 전에 의사가 성대 부근을 수술하기 때문에 목소리가 안 나올 수도 있고 변할 수도 있으니 수술 전후를 비교하기 위해 미리 녹음을 해야 한다고 했다. 나는 울먹이며 '가나다라……' 한글을 읽고 '도레미파솔라시도' 계이름을 불렀다. 그때 녹음했던 한글이 굉장히 강렬한 기억으로 남았다. 다행히 수술은 잘 끝났고 목소리도 바뀌지 않았다. 그렇게 방학이 지나 다시 간 학교에서 축진을 만났다.

축진의 한국어 실력은 변함없었고, 나는 그녀가 한국어를 어려워할 때마다 도와주곤 했다. 어느 날 그녀가 뜬금없이 "지은이가 한국어 선생님이 되면 좋겠어, 어울려"라고 했는데 시간이 지나서도 그 말이 내 귓가를 맴돌았다. 수술 전에 녹음했던 한글과 그녀의 한마디가 겹치면서 나는 한국어 선생 일에 관심을 갖기 시작했다. 그리고 그녀의 마지막 한마디가 내 마음을 결정지었다.

"한국어 선생님 월급 많아. 돈이 많아."

나는 그녀의 말을 믿었고(믿고 싶었고) 혼자 도서관에 앉아 창문을 보며 고민했다. 사람의 마음을 움직이는 기가 막힌 한마디를 만드는 카피라이터가 되고 싶었지만 생각보다 쉬운 일이 아니었고 회의감도 들었다. 그럼 내가 좋아하는 것은 무엇일까? 글이고 말이었다. 나는 글과 말로 사람들을 즐겁게 하는 일을 하고 싶었던 것이다. 외국인에게 한국어를 가르친다면 글과 말로 의미 있는 일을 즐겁게 할 수 있으리라는 생각이 들었다.

여러 생각 끝에 한국어 선생이 되겠다는 결심을 하고 인터넷으로 여러 정보를 찾아봤다. 한국어 선생이 되려면 한국어교원자격증을 취득해야 하는데, 그때 내가 취할 수 있는 유일한 방법은 '한국어교원양성과정'을

120시간 이수하고 '한국어교육능력검정시험'에 합격하는 것뿐이었다. 대부분의 사람들은 대학원에 입학해 석사학위를 받아 한국어교원 2급 자격증을 땄는데, 그때 나는 다니던 대학원을 졸업하지 못한 상태였기에 다른 대학원에 또 입학할 수 없었다.

그래서 그 이후로 정말 바쁜 시간을 보냈다. 오전에는 대학교에서 조교로 아르바이트를 하고 저녁에는 양성과정 수업을 들었다. 또 석사논문도 완성해야 했기에 주말에는 커피숍에 가서 논문을 썼다. 한국어교원양성과정에서는 관련 전공 교수들이 한국어학, 일반언어학 및 응용언어학, 외국어로서의 한국어교육론, 한국 문화 등을 가르쳤고, 직접 수업 중인 교실에서 수업을 참관하는 실습 수업도 했다. 또 조별로 교안을 만들고 직접 시범 수업을 하기도 했다. 모든 경험이 낯설고 서툴렀지만 즐거웠고, 피곤해도 피곤함을 느끼지 못했다.

무사히 한국어교원양성과정을 수료하고 한국어교육능력검정시험을 치려고 공부를 시작했다. 그사이 석사학위도 받았다. 시험 준비만 잘하면 한국어 선생이 되고 돈도 많이 벌 수 있게 되는 것이다. 하지만 시험은 생각보다 어려웠다. 양성과정에서 배운 네 과목을 과락 없이 300점 만점에 180점 이상 받아야 합격할 수 있었고,

한국 문화 영역은 범위가 굉장히 넓다 보니 예상하기가 어려워 걱정이 컸다. 열심히 공부하려고 서점에 갔는데 『30일 안에 다잡기』라는 책이 있었다. 갑자기 걱정은 사라지고 할 만하겠다는 생각이 들었다. 그래서 그 책을 열심히 보고 나름 기출문제도 열심히 풀었다.

그때는 1년에 딱 한 번 서울에서 검정시험을 쳤는데 그날은 습도가 높은 여름날이었다. 시험 장소가 여의도 고등학교였는데 길을 헤매 간신히 시간 안에 도착했다. 필기시험은 오전에 1교시 시험을 치고 점심을 먹은 뒤 다시 2교시 시험을 치는 식이었다. 거의 하루가 걸리는 길고 긴 시험이었다. 1교시 시험은 그럭저럭 친 것 같았다. 하지만 문제는 마지막 영역인 한국 문화. 아무리 봐도 답이 두 개인 문제가 너무 많았다. 고민하다가 찍고 고민하다가 찍기를 반복할 수밖에 없었다. 시험이 끝나고 배가 너무 고파서 학교 근처 여의도 선착장에서 차가운 불고기버거를 먹으며 가채점을 해 보았다. 역시나 한국 문화에서 너무 많이 틀렸다. 시험지에 빗금을 치는데 갑자기 소나기가 내렸다.

나는 비를 맞으며 서울역으로 갔다. 그때 KTX에서의 시간이 아직도 생생하다. 휴대폰 배터리는 없고 어두운 터널을 지날 때마다 창문에 울고 있는 내 모습이 비쳤다. 1년을 또 어떻게 살아야 할지 몰라 막막했다. 시험은 왜 한 번만 있는지 원망했다. 난 왜 30일 안에 다 잡지 못했나 자책했다. 우울한 날을 보내다 어느덧 시험 결과를 확인하는 날이 왔다. 결과는 181점. 턱걸이로 합격!

하지만 여기서 끝이 아니었다. 2차 시험이 남아 있었다. 2차는 면접시험으로 한국어 선생으로서의 기본 소양과 역량을 평가했다. 면접시험에 대비하려고 역시 책을 샀는데 이번엔 『한국어교육능력검정시험 2차 면접시험 일주일 안에 다잡기』였다. 또 그 책 제목에 홀린 나는 간절함과는 달리 열심히 준비하지 않았다. 혼자 하다 보니 내가 면접 준비를 잘하고 있는지 확신이 없었다. 그렇게 자신감 없이 또 KTX를 타고 서울로 갔다. 대기실에서 휴대폰을 걷어 가고 조용히 3~40분을 기다리는데 긴장감이 점점 커졌다. 내 차례가 되어 옆 교실로 가자 세 분의 면접 위원이 있었다. 나는 여러 질문에 제대로 대답하지 못했고, 결정적으로 사투리가 심하다는 지적을 받았다. 얼어 버린 채로 시험이 끝나 버렸다. 그 질문들은 지금도 기억나지 않는다.

그렇게 2차 시험에서 떨어지고 말았다. 하지만 슬퍼서 울기보다는 빨리 다른 계획을 세워야 했다. 나는 1년을 기다려 다시 시험을 보는 것보다 대학원에 들어가 제대로 공부하는 게 시간을 더 아끼는 것이라는 생각이 들었고, 그렇게 두 번째 석사과정을 밟게 되었다. 대학원에 입학하고 보니 진짜 한국어 선생님으로 일하는 사람도 많고 국어국문학과나 국어교육학과를 전공한 사람도 많았다. 뭔가 한국어 선생이라는 직업에 한 발 더 다가간 느낌이 들었다. 양성과정에서는 간단하게 개념 정도만 배웠던 내용을 자세하게 배울 수 있었고 발표를 하면서 여러 논문도 읽었다. 그리고 2차 시험에 합격하려고 혼자 표준발음을 연습했다. 『한국어 표준발음 바르게 읽기』라는 책을 사고 음원을 따라 읽으며 녹음한 내 목소리를 듣고 혼자 교정을 했다. 성대모사를 좋아하던 나였기에 여러 장르의 텍스트와 표준발음법 내용을 따라 하는 게 재미있었고, 무조건 표준어를 구사하려 들기보다 사투리 억양을 지우는 데 주력했다.

그렇게 시간이 흘러 가을이 되었다. 2차 시험이 다가와도 왠지 모르게 마음이 가벼웠다. 시험에 떨어져도 어차피 대학원에 다니고 있으니 한국어교원 2급을 받으면 되었다. 표준발음법도 열심히 연습하고 사투리가 들킬(?) 경우에 대답할 내용도 준비했다. 나는 시험을 보러 갔다. 1년 전과 다르게 그다지 떨리지도 않았고 사투리에 대한 지적도 받지 않았다. 그렇게 3년의 세월을 거쳐 한국어교원 3급을 받게 된 것이다. 뭔가 다 끝난 것 같은 기분이 들었다.

하지만 그것은 끝이 아닌 시작이었고, 나는 이제 취업을 해야 했다. 돈을 벌어야 했다. 그래서 여러 공고를 찾아봤는데 넘어야 할 또 다른 산이 기다리고 있었다. 한국어 선생님으로 일하려면 한국어교원자격증과 외국어 능력이 있어야 했다. 한국어교원도 땄는데 더 이상 지체할 수는 없었다. 바로 중국어학원 새벽반을 등록해 중국어 공부를 시작했다. 한국어를 배우러 오는 유학생 중 대부분이 중국인이라는 얘기를 들었기 때문이다. 나는 새벽 6시부터 8시까지 중국어 수업, 9시부터 3시까지 대학 조교 아르바이트, 오후에는 대학원 수업을 듣는 생활을 보냈다. 누구보다 치열하게 살았다(그때의 체력과 정신력이 그립다).

그리고 이듬해 봄, 나는 한국어 선생이 되었다. 한국어교원 3급과 HSK 4급이 있었기에 가능한 일이었다. 일주일에 6시간 수업을 담당하게 되었는데 여러 선생님에게 인사하고 자리를 배정받았다. 간절하고 감사한 마음으로 열심히 수업을 준비하고 진행했다. 하지만 6시간 수업으로는 한 달 생활비와 대학원 학비를 감당할 수 없었다. 그때 축진이 월급이 많다고 한 말은 달콤한 거

짓말임을 깨달았다. 그래서 주말엔 카페 아르바이트를 했다. 피곤하고 힘들었지만 입가에는 미소가 가득했다. 내가 한국어 선생이 되다니! 꿈이 '이루어진' 것이 아닌 꿈을 '이루어 낸' 것이었다. 한국어 선생이 되고 나서 이 직업을 처음 알게 해 준 축진에게 연락했는데 그녀는 졸업 후 고향으로 돌아가 한국 회사에서 일하고 있었다. 그녀는 진심으로 축하해 주었고 한국에 놀러 오면 만나기로 약속했다. 그리고 무엇보다 부모님이 정말 행복해하셨다. 한약방 할아버지의 말이 맞았다며 우리 딸이 진짜 선생님이 되었다고 기뻐하셨다. 그 후로 나는 8년째 한국어 선생으로 일하고 있다.

〔 2 〕
한국어로 한국어를 가르치는 한국 사람

나는 우여곡절 끝에 한국어 선생이 되었다. 하지만 생각보다 한국어 선생이 되는 방법도, 근무 환경도 다양하다. 먼저 나는 한국에서 한국어를 가르치고 있다. 하지만 해외에서 한국어를 가르치는 선생도 많다. 또 요즘에는 온라인수업을 하거나 유튜브에서 한국어를 가르치는 선생도 많다.

나는 대학교에서 한국어를 가르친다. 대학교에는 입학을 목적으로 한국어를 배우러 오는 어학연수생이 대부분이지만 취미 또는 취업을 위해 배우러 오는 학생도 있다. 그리고 대학교 학부생이나 대학원생을 대상으로 한 수업도 한다. 요즘엔 대학교뿐만 아니라 초등학교

방과후수업에서도 한국어를 가르치고, 중학교나 고등학교에는 다문화가정자녀나 중도입국자녀를 대상으로 한 수업도 있다. 또 결혼이민자나 새터민을 가르치는 수업도 있고, 회사에서 취업을 목적으로 온 외국인을 가르치는 수업도 있고, 운동선수나 아이돌가수 등을 가르치는 개인 수업도 있다.

요즘에는 한국 사람만 한국어를 가르치지 않는다. 한국어를 열심히 배우고 한국어교육 전공 학위를 취득해 자격증을 받은 외국인도 한국어를 가르칠 수 있다. 또 개인적으로 반가운 뉴스는 아니지만, 한국인도 외국인도 아닌 AI 선생을 개발하고 있다는 뉴스를 본 적도 있다.

나는 8년 동안 한국어로만 한국어를 가르쳐 왔다. 한국 사람이 한국어로 한국어를 가르치는 것이 제일 쉽다고 생각할 수도 있지만 생각보다 더 어려운 일이다. 초급 수업에서 '취미'라는 단어를 설명해야 할 때 영어 단어 한마디면 끝난다. 하지만 나는 보통 이렇게 수업을 한다.

선생님 뭐 하는 것을 좋아해요?
학생 저는 자전거 타는 것을 좋아해요.

선생님　자전거를 탈 수 있어요?

학생　네. 탈 수 있어요.

선생님　그럼 자전거를 자주 타요?

학생　네. 자전거를 자주 타요.

선생님　제임스 씨는 자전거 타는 것을 좋아해요. 그리고 자전거를 탈 수 있어요. 또 자전거를 자주 타요. 제임스 씨의 취미는 자전거 타는 것이에요. 무엇을 좋아해요, 할 수 있어요, 자주 해요, 뭐예요? 취미예요.

이렇게 학생들과 대화하면서 먼 길을 돌고 돌아 '취미'라는 단어로 돌아온다. 나는 이런 대화와 과정이 정말 어렵지만 하면 할수록 재미있다. '불가능'을 설명해야 할 때는 영화 『미션 임파서블』의 주제곡인 '빠라밤 빠라밤 빠밤'을 부르기도 하고 문법 'N처럼'을 가르칠 때는 요리사로 빙의해 투명 프라이팬을 흔들고 모델로 빙의해 워킹을 하기도 한다.

'뭘 그렇게까지…… 그냥 영어로 수업하면 간단하지 않나?'라고 생각하는 사람도 많을 것이다. 하지만 내가 가르치는 교실에는 다양한 언어를 사용하는 다양한 나라의 학생들이 있다. 또 모든 나라의 언어는 각각의 특징과 차이가 있기에 한국어와 일대일로 대응되지 않는다. 간단한 단어는 학생들의 모국어나 영어로 설명할 수 있지만, 그런 식으로 설명하다 보면 나중에 문법을 배울 때에도 문제를 풀 때에도 학생들은 모국어나 영어로 설명해 주기를 원하게 된다. 그래서 나는 다른 나라 언어로 설명하기보다 칠판에 그림을 그리거나 사진을 보여주거나 학생들이 아는 단어를 종합해서 설명하려고 노력한다. 그리고 내가 한국어로 한국어를 가르쳐야 하는 가장 큰 이유는 한국어를 배우러 한국에 온 학생들에게 한국어로 가르치지 않으면 학생들이 한국에 온 이유가 사라지기 때문이다.

그래서 한국어 선생은 국어 선생과 가르치는 방법이나 내용이 많이 다르다. 한국어 선생님은 한국 사람이면 당연히 아는 내용을 외국인 학생들에게 가르쳐야 한다. 학생들이 한국 친구에게 문법에 대해 질문하면 "한국 사람들은 그냥 그렇게 써"라는 대답을 많이 듣는다고 한다. 나도 한국어를 가르치면서 전에는 생각하지 못했던 것을 발견할 때가 많았다. 특히 숫자는 외국인 학생들에게 정말 복잡하다. 한국 사람들은 시계를 보며 "두 시 이십 분이네"라고 한다. 시간과 분에 사용하는 숫자가 다르다. 시간에는 고유어, 분에는 한자어를 사용한다. 나는 이 숫자가 왜 다른지에 대해서 한 번도 생각해 보지 않았다. 그런데 한국어를 배우는 학생들은 도대체 왜 다른 숫자를 쓰느냐고 물어본다. 그 이유를 찾아보면 옛날에는 '시'만 존재했는데 나중에 '분'의 개념이 생겼기 때문이라고도 하고 언어적 관습 때문에 달라졌다고도 한다. 하지만 학생들은 시간과 분이 달라서 헷갈려하고 나이, 날짜, 가격 등을 말할 때마다 다르게 쓰는 한국어 숫자를 힘들어한다.

또 한국어를 가르치기 전까지는 받침의 유무를 크게 생각하지 않았다. 하지만 한국어교육에서는 받침이 있는지 없는지가 굉장히 중요하다. 초급에서 이름이나 물건명을 이야기할 때 문법 '이에요/예요'를 배우는데 받침이 있을 때는 '이에요', 없을 때는 '예요'를 쓴다. 또 형용사나 동사를 배울 때 문법 'ㅂ/습니다'를 배우는데 이때도 받침의 유무가 중요하다. 그런데 '아/어요'는 받침이 아닌 앞 모음이 'ㅏ, ㅗ'인지 아닌지에 따라 형태가 달라진다. 또 받침에 따라 형태가 달라지는 불규칙도 많다.

한국어 선생은 한국어뿐만 아니라 한국 문화 수업도 해야 한다. 나는 한국어교원양성과정을 듣고 한국어교육능력검정시험을 준비할 때까지만 해도 한국 문화와 역사에 대해서도 다 알아야 하는지 의문이 들었는데,

직접 학생들을 가르쳐 보니 이에 대한 깊은 이해가 반드시 필요하다는 사실을 깨달았다. 한국어 교재에 한옥이나 온돌 문화, 인사 예절, 호칭 같은 내용이 있기에 가르치려면 미리 공부해야 하고, 학생들과 문화 탐방으로 박물관에 가는 경우가 있는데 그런 때에도 학생들의 수준에 맞게 여러 정보를 제공해야 한다. 내가 아는 만큼 학생들에게 설명할 수 있다는 것을 깨달은 후부터 한국 문화를 공부하려고 여러 책을 읽었다. 아직도 배워야 할 게 많다.

그리고 한국어 선생이 되는 방법도 다르다. 보통 선생이 되려면 임용고사를 쳐야 하는데, 한국어 선생이 되려면 먼저 한국어교원 자격증을 따야 한다. 앞선 나의 고군분투기에서 썼듯이 나는 한국어교원 자격증을 매우 어렵게 땄는데 다른 방법도 있다. 대학교에서 한국어교육을 전공하거나 부전공을 하면 3급을 받을 수 있고, 대학원에서 석사나 박사 학위를 취득하면 2급을 받을 수 있다. 3급을 받은 사람이 2급 자격증을 받으려면 학위 전공자는 법정 기관에서 3년 이상 1,200시간 강의를 해야 하고, 검정시험으로 3급을 받은 사람은 5년 이상 2,000시간의 수업을 해야 한다. 2급을 받은 후 1급을 받으려면 법정 기관에서 5년 이상 2,000시간의 강의 경력을 쌓아야 한다.

한국어교원 자격증이 있다고 해서 무조건 한국어 선생이 될 수 있는 것은 아니다. 학교마다 채용 조건이 다른데 대부분 한국어교원 자격증, 관련 전공 학위, 외국어 자격증이 필요하다. 그리고 여러 서류와 함께 교안을 제출해야 한다. 특정 문법이나 주제와 학습 대상을 정해 주면 그에 맞게 수업을 짜고 교안을 작성한다. 한국어능력검정시험에서도 교안 작성이 배점이 가장 높은 문제 중 하나다. 교안은 '도입–제시–설명–연습' 단계로 나누어 적절히 시간을 배분하고 선생님의 말과 학생의 말, 판서, 수업 보조 자료 등도 같이 작성한다.

여러 서류를 제출하고 나면 면접이 있다. 한국어 선생은 면접과 함께 시범 강의(흔히 시강이라고 한다)도 한다. 면접관 앞에서 준비한 교안을 진짜 수업하듯이 보여 줘야 한다. 100분의 수업 교안 중 한 부분을 진행하는데 마치 교실에 학생이 있는 것처럼 "○○ 씨, 우리 어제 배운 문법이 뭐였어요?" 질문하고 대답을 들은 것처럼 "맞아요. 우리는 어제 문법 '–고 싶다'를 배웠어요"라고 말하면서 천연덕스럽게 대화를 이어 간다. 시강이 끝나면 면접관의 질문이 이어진다. 내가 첫 번째 학교를 그만두고 두 번째 학교에서 면접을 볼 때 받았던 질문은

'아무리 초급 학생 대상 수업이지만 말하기 속도가 너무 느린데 그 이유가 무엇이냐'였다. 나는 학생들이 한국어를 듣고 이해하는 데 시간이 오래 걸리기 때문에 학생들의 속도에 맞추는 게 중요하다고 생각해서 평소보다 조금 더 천천히 설명한다고 이야기했다. 8년이 지난 지금은 생각이 바뀌었지만 그때는 학생들이 잘 이해하도록 하려면 천천히 말해야 한다고 생각했다.

면접이 끝나고 모든 채용이 그렇듯 최종 결과를 받는다. 나는 아직도 합격의 순간을 잊을 수가 없다. 지원자가 많아서 당연히 떨어졌을 거라고 생각했기 때문에 기쁨이 더 컸다. 나는 지금까지 부산대학교에서 한국어를 가르치고 있다. 그리고 한국어로 한국어를 가르치는 것이 여전히 재미있다.

{ 3 }
초보 선생님, 초급 학생들을 만나다

새 학기에 새로운 학생들을 만나는 것은 언제나 설레는 일이다. 내가 느끼는 이 직업의 매력 중 하나는 늘 똑같지 않고 매번 조금씩 무언가 달라진다는 점이다. 학생들이 달라지거나 가르치는 급수가 달라지거나 작세는 교실이 달라지기도 한다. 이렇게 작은 변화들은 이 직업에 지루함을 느끼지 않게 해 주고, 그래서 새 학기에 새 학생들을 만나면 기분 좋은 긴장감이 든다.

하지만 새 학기의 긴장감을 즐기는 나도 초보 선생 시절 첫 수업을 생각하면 여전히 아찔하다. 그 아찔했던 나의 첫 학기를 이야기해 보려고 한다. 그 당시 내가 봤던 수업 현장의 모습은 한국어교원양성과정에서 참관

한 것이 전부였다. 그때 교실에서 수업을 하던 선생님들은 정말 자신감이 넘쳐 보였고 학생들도 수업에 집중하며 열심히 공부했다. 나도 저렇게 멋진 선생님이 될 수 있을까?

나는 봄학기 동안 일주일에 6시간 수업을 하는 부담임을 맡게 되었다. 학교마다 다르겠지만 대체로 일주일에 20시간의 수업 시간 중 14시간은 담임이, 6시간은 부담임이 담당한다. 기능별로 수업을 나누기도 하고 진도표에 따라 나누기도 한다. 초보 선생인 나에게 6시간은 정말 대단한 시간이었기에 수업 준비에 최선을 다했다. 일단 첫 수업을 위해 PPT로 자료를 준비하고 교안을 작성했다. 수업 과정을 전체적으로 파악할 수 있고 시간도 적절하게 나눌 수 있기 때문에 교안 작성은 반드시 필요했다. 그리고 수업 시간에 할 말을 미리 적어 가며 학생들의 예상 답변도 써 보고 같이 연습해야 하는 부분도 정리했다. PPT도 준비하고 교안도 작성했으니 이제 진짜 수업을 해야 했다.

첫 교실에 들어설 때 익숙하지 않은 구두를 신어 발이 불편했던 나는 초보 선생 티를 내지 않으려고 노력했다. 나는 필리핀과 중국에서 교환 어학연수를 온 학생들을 담당했는데, 모두 한국어를 모르는 초급 학생이었다.

학생들은 큰 교실에 둥글게 앉아 칠판 앞에 서 있는 나를 보았고, 담임이 아닌 새로운 선생이 와서 궁금한 눈빛이었다. 나는 내 소개를 간단히 하고 수업을 이어 갔는데, 당황스럽게도 학생들은 내가 쓴 교안대로 대답을 하지 않았다. 이번 학기에 한국어를 처음 배우는 1급 학생들이라 내가 하는 말을 잘 이해하지 못하는 눈치였다. 수업 시간에 한국어만 써야 했기에 나는 칠판에 그림을 그리고 손과 발을 써 가며 설명하기 시작했고, 그런 모습이 우스웠는지 학생들이 조금씩 웃기 시작했다.

그렇게 수업을 끝내고 강사실로 돌아오면 내 얼굴은 늘 벌게져 있었고, 그런 모습에 어떤 선생님은 "선생님은 수업하고 오면 딱 티가 나요"라고 했다. 수업에서 손과 발을 쓰며 설명하니 너무 덥고 긴장한 탓에 얼굴이 익어 버린 것이다. 그렇게 몇 주가 흘렀고, 나는 오늘은 얼굴이 붉어지지 않으리라 다짐하며 교실에 들어갔다. 수업 자료를 보여 주려고 컴퓨터를 켰는데 켜지지 않았다. 전원 버튼을 눌렀지만 컴퓨터는 조용했고 PPT 자료를 열 수 없었다. 학생들은 기다리는 눈치였다. 나는 또 얼굴이 붉어져 버렸다. 컴퓨터를 고칠 수 없다고 판단하고 수업을 진행했다. 지난밤 눈물의 클릭을 하며 만든 내 PPT를 쓸 수 없다니. 판서를 하며 설명하기 시작했다. 그날은 듣기 수업이어서 학생들에게 음원을 들려줘야 했는데 컴퓨터가 안 되니 어찌할까 망설이다가 내가 직접 남자와 여자 목소리로 바꿔 가며 읽어 주었다.

학생들은 다행히 즐거워했고 무사히 수업이 끝났다. 학생들이 교실을 나가고 컴퓨터가 왜 안 됐는지 다시 살펴보니 세상에, 멀티탭의 전원이 꺼져 있었다. 그 간단한 것도 보이지 않는 초보 선생이라니. 나는 허탈한 웃음을 지었고, 그때부터 학생들이 오기 전에 미리 컴퓨터를 켜 놓는 습관이 생겼다. 그리고 PPT로 수업하는 것보다 칠판에 판서를 하는 게 더 좋다는 생각이 들었다. 학생들이 질문하는 것을 그때그때 칠판에 써서 설명할 수 있고 학생들이 집중도 더 잘한다는 느낌을 받았기 때문이다. 그렇게 나만의 수업을 만들어 가고 있었다.

내가 일했던 첫 번째 학교에서는 교안을 작성하고 수업 시간에 실제 녹음을 해서 나중에 작성했던 교안과 비교한 뒤 수정해서 제출하게 했는데, 지금 생각해 보면 그 작업이 도움이 많이 됐다. 교안은 말 그대로 수업 전에 작성하는 것이고, 교안대로 100퍼센트 진행하기엔 아직 부족한 게 많았기 때문에 내가 수업한 음성을 들으며 교안을 다시 짜 보고 부족하거나 고쳐야 할 점을 파악했다. 그리고 한 학기에 한 번 같이 근무하는 선생님들 앞에서 공개수업을 했는데, 교안을 공유하고 10분 정도 수업한 후에 여러 선생님들에게 피드백을 받았다. 그때 받았던 피드백 파일을 아직도 가지고 있는데 내가 서 있을 때의 자세, 자주 쓰는 말투 등을 알 수 있었고, 재미만 생각했는데 학생들에게 의미가 있어야 한다는 점도 알게 되었다.

나는 이 직업의 매력에 푹 빠졌고, 일주일에 6시간 수업을 위해 여러 학교 책을 참고하며 준비를 했다. 문법을 가르칠 때 다른 학교는 어떻게 설명하는지 살펴보고 어느 정도까지 가르쳐야 하는지 감을 찾았다. 하지만 이 일의 매력만큼 월급은 많지 않았다. 수업한 시간만큼 받았기 때문이다. 그래서 주말에는 커피숍 아르바이트를 해야 했다. 10시간씩 주말 아르바이트를 하면서도 힘들거나 피곤하지 않았다. 간절히 바랐던 일이었기에 수업을 할 수 있다는 사실만으로도 감사한 하루하루였다.

다음 학기에 10시간 수업을 할당받은 나는 커피숍 아르바이트도 그만두고 이 일에 더욱 매진했다. 수업 준비는 힘들었지만 학생들과 함께하는 시간이 좋았다. 학생들은 정말 따뜻했고, 한국어 공부를 어려워했지만 그래도 결석 없이 학교에 매일 왔다. 나를 굉장히 잘 따랐을 뿐 아니라 내가 준비한 활동에도 열심히 참여했다.

그렇게 가까워지며 정이 들었을 즈음 학기가 끝났다. 교환학생이라서 자기 나라로 돌아가는 학생들도 있었고 다음 학기까지 더 공부하는 학생들도 있었다. 나는 한국어 선생이 되려고 열심히 노력하고 재미있는 수업을 위해 열심히 준비했지만, 학생들과 헤어지는 일에는 전혀 준비가 되어 있지 않았다. 중학교나 고등학교에서 학생들을 가르치면 학년이 달라져도 만날 수 있는데 외국인 학생들은 시간이 흐르면 다시 본국으로 돌아가야 했다. 나는 그 사실을 미처 몰랐다.

학생들을 다시 못 본다는 생각에 너무 슬펐고, 학생들과 롤링페이퍼를 쓰고 사진도 찍었지만 아쉬운 마음을 달랠 수 없었다. 그래서 학생들이 떠나는 날 공항으로 가고 말았다. 김해공항 국제선 청사에서 학생들을 다시 만났다. 나는 학생들에게 뭐라도 주고 싶어서 초콜릿을 사서 나눠 주었고 학생들은 고마워했다. 나는 떠나는 학생들에게 손을 흔들며 눈물의 이별을 했다. 그 학생들을 다시 만나진 못했지만 그들과 함께했던 기억들은 아직도 내 마음속에 따뜻하게 남아 있다.

초보 선생 때 가르쳤던 학생들과의 첫 만남 그리고 첫 헤어짐까지 정말 많은 것을 겪으면서 많은 것을 배웠다. 학생들과의 이별은 아직도 익숙하지 않고 늘 슬프

다. 학생들은 떠나지만 나는 남아 있기 때문일까. 지금
도 여전히 몇몇 학생들과 SNS로 연락을 주고받지만 늘
그립고 보고 싶다.

〔 4 〕
어느덧 8년 차, 여전히 이 일이 즐겁습니다

나는 다이어리를 12월까지 써 본 역사가 없다. 매년 연
례행사로 나와 1년을 함께할 다이어리를 고르기 위해
서점에도 가고 인터넷도 뒤지며 열정을 쏟지만 그 열
정은 다이어리를 사고 나면 빠르게 식어 버린다. 1월과
2월에는 사소한 일정도 다 기록되어 있지만 시간이 지
날수록 아무 약속이나 일정이 없는 사람처럼 다이어리
가 깨끗하다. 10년 넘게 모아 둔 다이어리를 보면 다 이
런 식이다. 한결같이 다이어리 하나도 끝까지 쓰지 못
하는 내가 웃기기도 하고 어리석게도 느껴진다. 하지만
'한국어 선생'이라는 직업에 대한 열정만큼은 식지 않고
여전히 뜨겁다.

8년 동안 외국인에게 한국어를 가르치는 일을 하면서 정말 많은 나라의 학생들을 만나고 다양한 수업을 했다. 내가 만난 학생들의 국가를 세어 보니 중국, 베트남, 일본 등 40개국이 넘었고, 8년 동안 수업한 시간을 계산해 보니 5,079시간이었다. 이렇게 숫자로 지난 시간을 돌아보니 그동안 내가 정말 많은 수업을 하고 많은 학생을 만났다는 실감이 났다.

먼저 학생에 대한 이야기를 해 보고 싶다. 통계적인 수치는 정확히 알 수 없으나 현장에서 느끼는 변화가 있다. 8년 전까지만 해도 한국어를 배우러 오는 학생의 국적은 굉장히 제한적이었다. 중국 학생이 제일 많고 베트남, 일본 등 아시아 국가 학생이 대부분이었다. 대학 입학을 위해 한국어를 배우러 온 학생이 다수였지만 취미로 배우고 싶어 하는 학생도 있었다. 하지만 요즘은 정말 다양한 나라에서 한국어를 배우러 한국에 온다. 지난 학기에 가르친 반의 학생들은 국적이 중국, 베트남, 일본뿐만 아니라 태국, 미얀마, 인도네시아, 영국, 스웨덴, 러시아였다. 한국어를 배우는 동기도 다양해졌다. 대학 입학이 목적인 경우가 여전히 많기는 하지만 한국에서 취직하러 오는 학생도 많아지고 한국 사람과 결혼해서 한국어를 배우러 오는 학생도 늘어났다.

또 하나 있다. 학생들의 연령대가 다양해졌다. 예전에는 고등학교를 졸업한 학생이 많아서 대부분이 또래였는데 요즘에는 이십대 후반도 많고 삼십대도 있고 최근에는 예순일곱 살 할아버지도 만난 적이 있다. 미국에서 변호사로 근무하다 은퇴 후 한국어를 배우려고 한국에 왔는데 그 누구보다 열정적이고 열심히 공부하신다. 학생들의 국적과 연령대가 다양해지면서 각 나라의 문화와 다양한 생각을 서로 나누는 재미도 생겼다. 또 학생들의 모국어가 다양하다 보니 그에 따른 학생들의 오류도 다양한데, 수업 시간에 이러한 오류를 어떻게 바로잡을지에 대한 새로운 고민이 생겨서 수업 준비가 재미있기도 하다.

나는 5,079시간 동안 똑같은 수업이 아닌 여러 가지 수입을 해 봤다. 수업은 어학연수 학생들을 위한 정규 과정과 대학교 학부생, 대학원생을 위한 과정으로 나뉜다. 정규 과정은 급수별로 매 학기 수업을 하는데 1급부터 6급까지 학생들의 한국어 수준에 따라 반을 나눈다. 지금까지 초급반, 중급반, 고급반 수업을 했는데 수업마다 다른 매력이 있다.

초급 학생들은 모음과 자음부터 배우기 시작하지만 학기가 끝날 즈음에는 자신의 경험과 계획을 이야기할 정도가 된다. 10주(200시간) 안에 그 모든 게 가능하다는 것이 신기하고 학생들의 한국어 실력이 올라갈수록 내 어깨도 올라가는 기분이 든다. 초급 학생들은 한국어를 조금씩 배워 가면서 새롭게 알게 된 단어들에 기뻐하는데, '눈'이라는 단어와 '물'이라는 단어를 배우고 나서 나중에 동사 '울다'를 배울 때 '눈물'이라는 단어를 가르쳐 주면 이 단어가 '눈'과 '물'이 더해져 만들어졌다는 사실에 재미있어한다.

하지만 초급반은 다른 급수보다 더 까다로운 편이다. 한국어로만 수업하기 때문에 말할 때 신경 써야 할 것이 많고 몸짓으로 설명하는 부분도 많아서 수업이 끝나면 헬스장에라도 다녀 온 사람처럼 땀이 나고 운동한 기분이 든다. 형용사와 동사를 가르칠 때 특히 더 힘들다. '뜨겁다'를 온몸으로 표현해야 하고, '청소하다' '빨래하다'를 설명할 때는 보이지 않는 방을 청소하고 허공에 손을 비비며 빨래하는 모습을 보여 줘야 한다. 그리고 '아/어요'와 'ㅂ/습니다'를 배울 때는 단조로운 반복 연습이 많아서 지루해하기 때문에 학생들이 즐겁게 공부할 수 있도록 다양한 활동을 준비해야 한다.

수업 시간에 특히 신경을 쓰는 부분은 발음이다. 나는 외국인에게 한국어가 어려운 이유 중 하나가 글자대로 발음하지 않는 경우가 있기 때문이라고 생각한다. 그래서 발음이 다른 경우에 발음과 함께 발음 규칙도 알려준다. 초급에는 '깨끗하다[깨끄타다]' '축하하다[추카하다]' 등과 같이 격음화 규칙이 많고 '같이[가치]'도 배우기 때문에 구개음화도 같이 설명하는 편이다.

초급 수업은 젠가로 비유하자면 가장 아래에 있는 부분이다. 밑부분이 단단히 잘 고정되어 있으면 계속 위로 쌓을 수 있다. 초급 수업에서 생각보다 많은 단어와 문법을 배우므로 학생들이 기초를 단단히 다질 수 있도록 매 수업에 에너지를 쏟아붓는다. 그리고 한국어 공부가 재미있다는 생각이 들도록 매 순간 즐겁게 수업하려고 애쓴다.

중급 수업은 초급 수업과 또 다른 매력이 있다. 초급에 비해 새롭게 배우는 단어와 문법의 양이 많아져서 학생들이 겁을 먹는 경우가 있다. 그래서 어려운 단어와 문법을 최대한 쉽게 설명하려고 한다. 가장 좋은 방법은 지난 급수에서 배운 문법과 비교해서 가르치는 것이다. 문법 '~기도 하고 ~기도 하다'를 2급 문법인 '~거나'와 비교해서 가르치면 어떤 부분이 비슷하고 다른지 쉽게 설명할 수 있다. 그래서 가르쳐야 하는 급수가 정해지면 학생들이 그전에 어떤 것을 배웠는지 미리 알아 두는 것이 중요하다.

　중급 수업의 하이라이트는 '쓰기'라고 생각한다. 초급에선 문장 단위나 '아/어요'와 'ㅂ/습니다'를 사용한 쓰기를 한다면 중급에서는 'ㄴ/는다'를 배운다. 그리고 문장이 아닌 글자 기준으로 500에서 700글자를 써야 한다. 한국어능력시험TOPIK 쓰기 유형을 대비하는 용도도 있지만 대학 생활에 필요한 쓰기 형식을 배우기 위해서다. 학생들은 갑자기 바뀐 형식과 많아진 쓰기 분량 때문에 걱정한다. 그래서 첫 쓰기 수업에서는 학생들과 같이 쓰면서 쓰는 과정을 공유한다. 내용 못지 않게 형식도 중요하기 때문에 어떻게 쓰는지 그 쓰는 과정을 함께 수업해야 학생들이 더 빨리 중급 쓰기에 적응한다.

　먼저 처음과 가운데, 끝에 써야 할 내용을 간단하게 정리하고 형식에 맞게 원고지에 쓰는 연습을 한다. 이때는 칠판보다 스크린을 통해서 원고지에 쓰는 것을 보여 주는 편이 효과적이다. 한글 프로그램에서 원고지를 선택하고 개요로 작성한 내용을 형식에 맞게 쓰는 것을 보여 준다. 이때 배운 문법도 적절하게 사용하며 설명한다. 3급 학생들의 경우 준비한 내용을 다 써도 500글자를 넘기기가 힘든데, 그럴 때는 내용을 추가하는 것도 좋지만 학생들에게는 아직 어렵기 때문에 쓰기 표현들을 가르쳐 주는 편이다. 예를 들어 이유를 쓸 때도 한 문장으로 표현하기보다 '이렇게 생각하는 이유는 다음과 같다. 첫째, ~기 때문이다. 둘째, ~기 때문이다'와 같은 표현을 가르쳐 주면 학생들이 반가워한다. 또 학생들의 부담을 덜어 주기 위해서 '첫째' 대신 '첫 번째 이유는'이라고 글자 수를 늘릴 수 있다고 가르쳐 주면 즐거워한다. 학생들이 쓰기에 두려움을 느끼지 않도록 중급 과정을 시작할 때 쓰기 수업에 집중하는 편인데, 시간이 갈수록 학생들이 쓰기 형식에 익숙해지고 자신이 하고 싶은 말을 더 많이 쓰면서 내용도 풍성해져 피드백하는 재미가 쏠쏠하다.

중급 학생들은 대부분 한국어능력시험에 응시하는데 시험 결과가 나오면 저마다 성적표를 나에게 보여 주면서 고마워한다. 이게 중급반을 가르치는 즐거움 중 하나다. 3급을 받은 학생도 4급을 받은 학생도 선생님의 축하를 기대하며 메시지를 보낸다. 이런 메시지를 받을 때 힘들게 수업을 준비한 과정이 보상받는 기분이 든다.

마지막으로 고급 학생들을 가르칠 때는 어떨까? 역시 매력이 있다. 먼저 초급과 중급 학생들을 가르칠 때는 단어와 문법에 신경 쓰며 말하는 편인데, 고급 학생들에겐 더 자연스럽게 이야기한다. 그리고 가능하면 학생들이 말을 많이 할 수 있도록 기회를 주려고 한다. 선생님과 소통하는 것도 물론 중요하지만 반 친구들과 어떤 문제를 해결해 가는 과정을 함께하면서 쓰기나 말하기로 활동을 이어 가는 게 중요하다.

고급 학생들은 한국어로 토론을 하기도 한다. 하나의 주제에 대해 근거를 들어 자신의 주장을 펼치는 것은 모국어로도 어렵다. 5급 학생을 기준으로 하면 한국어를 1년 정도 배운 셈인데, 1년 배운 외국어로 토론을 하라면 나는 정말 도망치고 싶을 것이다. 그래서 토론 수업에서는 토론 과정을 전체적으로 같이 공유하고 쉬운 주제부터 연습한다. 토론 순서와 각자의 역할에 대해 충분히 연습이 되었을 때 조금 더 어려운 주제로 토론을 이어 간다. 하지만 자연스럽게 주장을 펼치고 반박을 하고 반박에 또 반박을 하는 식으로 토론이 진행되기는 어렵다. 그래서 보통은 사회자를 정하고 찬성과 반대 팀을 나눈 후 모든 내용을 다 같이 준비하고 외워서 발표하는 형식으로 진행하는데, 어려울 텐데도 열심히 참여하는 학생들을 보면 대단하다는 생각이 든다.

고급반 수업에서 어려운 점이라면 하나의 텍스트를 가르치기 위해서 내가 공부해야 할 것이 많다는 점이다. 고급 수준으로 갈수록 과학, 역사, 문화, 사회, 법 등

심화 내용이 많아지고, 수능을 대비하는 학생처럼 텍스트를 분석하고 학생들에게 그 내용에 대한 배경 지식을 가르쳐 줄 수 있도록 시간을 많이 투자해야 한다. 고급 학생들을 위한 교재를 보면 한국 사람인 나도 그동안 몰랐던 게 이렇게 많았나 싶어 부끄럽기도 하고 새로운 것을 알게 되어 즐겁기도 하다.

학생들의 수준에 따른 수업도 있지만 다른 종류의 수업도 많다. 대학교 학부생을 대상으로 '노래로 배우는 한국어' 수업을 한 적이 있는데, 학생들은 새로운 형식으로 한국어를 배우니 즐거워했고 자기들이 요즘 좋아하는 노래에 대해 같이 이야기를 나누면서 나도 무척 즐거웠다. 내가 근무하는 학교에는 오후에 학생들을 위한 다양한 수업이 있어 나도 말하기, 발음, 면접 대비, 토픽 대비 등 여러 수업을 해 봤다.

이런 다양한 수업을 하는 데 익숙해질 때쯤 코로나바이러스가 전 세계를 덮쳤다. 익숙한 교실이 아니라 낯선 온라인 세상에서 수업을 진행해야 했는데, 코로나 초기에는 모든 수업을 동영상으로 제작해서 학생들에게 공유했다. 집 밖에 나가지 못하고 하루 종일 컴퓨터로 수업 자료를 만들고 동영상을 녹화하면서 너무너무 힘들었지만 지금 생각해 보면 뭔가 한 단계 성장했다는 생각이 들기도 한다. 수업 동영상을 만든 나도 힘들었지만 그 동영상을 보는 학생들도 몹시 힘들었을 것이다. 그러다가 온라인수업 플랫폼이 생기면서 실시간 화상수업을 진행했는데 그것도 엄청 힘들었다. 교실이 아닌 낯선 곳에서 학생들의 정수리(혹은 에어컨)를 보면서 수업하자니 굉장히 괴로웠다. 그러나 그것 또한 적응을 했고, 학생들이 참여할 수 있는 다양한 온라인교육 프로그램을 배우고 적용하면서 함께 공부하는 분위기를 만들려고 애썼다. 최근에는 다시 교실에서 한국어를 가르치는데 가끔 온라인수업이 그리울(?) 때가 있을 정도다. 그래도 학생들은 무조건 교실에서 한국어를 배우는 것을 좋아하는 것 같다.

지난 시간들을 돌이켜 보니 정말 많은 일이 있었구나 싶다. 나는 다른 선생님들에 비해 경력이 많은 편은 아니지만 코로나 덕분(?)에 다양한 경험을 더 쌓을 수 있었다. 한국어 선생을 하면서 생긴 직업병 같은 것도 있다. 가장 큰 직업병은 이야기할 때 손을 가만두지 못한다는 것이다. 수업 시간에 설명할 때 손을 많이 사용하는데, 이게 습관이 되어서 커피숍에 가서도 "아이스 아메리카노 한 잔 주세요" 할 때 꼭 손가락 하나를 올리고야 만다. 재미있는 것은 다른 한국어 선생님들과 이야기할 때 서로 손을 가만두지 못해 이리저리 움직이는데 그 누구도 이상하게 생각하지 않는다는 것이다.

또 하나는 드라마나 예능프로그램을 볼 때 수업 시간에 활용할 수 있을까 생각하는 습관이 생겼다는 것이다. 그리고 요즘 어떤 것이 유행하는지 찾아보고 학생들이 좋아할 만한 내용을 기억해 두었다가 수업 시간에 예문을 만들거나 설명할 때 사용하기도 한다. 예전에는 굳이 찾지 않아도 요즘 유행이 뭔지 다 알았는데 이젠 나이가 들었는지 시간을 들여 찾아야 알게 되는 것도 있다.

한국어 선생으로 일하면서 꼭 지키려고 하는 것이 있는데 먼저 '시간 지키기'다. 정해진 수업 시간 안에 목표한 내용을 다 끝내는 게 선생에게 필요한 능력이라고 생각해서 지키려고 노력한다. 진도가 미뤄질 때도 있지만 듣기 수업은 중간에 끝내지 않고 어떻게든 다 하려고 애쓴다. 그래서 수업 중간에 자주 시간을 확인하고 중요한 내용에 집중하면서 수업을 진행한다. 만약 준비한 내용을 다 마쳤는데 시간이 남으면 다음 공부를 이어 가지 않고 간단하게 복습을 하거나 내일 배울 내용을 설명한다. 나는 이렇게 수업 시간을 딱 지켰을 때 작은 희열을 느낀다. 초보 선생님 시절에는 시간을 맞추기가 어려웠는데 수업을 많이 하면서 체득한 것 같다. 예전에는 교안을 작성했는데 요즘에는 작은 수첩에 오늘 해야 할 내용을 순서대로 적어 둔다. 나의 작은 교안인 셈이다. 수첩에 공지해야 할 내용이나 숙제를 미리 적어 두면 잊지 않고 전달할 수 있어 8년째 하고 있는 습관 중 하나다.

내가 노력하는 것 중 하나는 '뭐든지 배우기'다. '배워서 남 주자'는 내 인생의 작은 슬로건이다. 선생은 가르치는 것보다 배워야 할 것이 더 많은 직업인 것 같다. 그래서 한국어교육 관련 학회에서 워크숍을 열면 수업에 적용할 수 있는 내용이 있을까 싶어 서울이든 광주든 어디든 간다. 온라인수업을 하면서 새로운 환경에 적응함과 동시에 새로운 온라인교육 프로그램도 많이 배웠다. Padlet, Slido, Teacher made는 모두 워크숍에서 배웠는데 교실 수업을 하는 지금까지도 꾸준히 잘 쓰고 있다. 수업 시간에 활용할 수 있는 것이나 평가에 대한 것도 워크숍을 통해서 많이 배웠다. 워크숍에 가면 전국 각지에서 가르치는 한국어 선생님을 많이 만날 수 있는데 깊은 대화를 나누지는 않지만 서로의 마음을 이해하는 기분이 든다. 워크숍뿐만 아니라 학술대회에도 자주 가는 편인데 열심히 연구한 선생님들의 발표를 들으면 좋은 자극을 받고 내가 경험하지 못한 수업에 대해 배울 수 있어서 재미있다. 지금은 부족하지만 앞으로 연구도 열심히 해서 학술대회에서 발표도 하고 나만의 연구 분야도 깊게 파고 싶은 욕심이 있다.

한국어 선생으로 일하면 이렇게 즐거운 일이 많다. 5,079시간 동안 눈물이 앞을 가릴 정도로 힘든 순간도 있었지만 그만큼 성장했고 앞으로 할 일도 가득하다. 가르치기도 하고 배우기도 하면서 하루하루를 보내는 것이 즐겁다. 비록 다이어리는 12월까지 진득하게 쓰지 못하는 성격이지만 이 직업만큼은 "와, 저 선생님은 아직도 가르쳐요?"라는 말을 들을 때까지 계속하고 싶다.

{ 5 }

왜 재미있는 수업에 집착하는가

학생을 가르치는 선생은 선생이 되기 전에 모두 학생이었다. 그래서 지금 근무하는 선생님들을 유심히 지켜보면 학창 시절에 어떤 학생이었는지 짐작할 수 있다. 어떤 선생님은 수업 시간에 늘 집중하고 열심히 공부하는 모범적인 학생이었다. 그래서 선생이 되어 만난 학생들도 수업 시간에 딴짓하지 않고 집중해 공부해야 한다고 생각하는 것 같다. 수업 시간에 휴대폰을 보거나 딴짓을 하는 학생들을 이해할 수 없다고 하면서 그런 학생들을 만나면 기분이 좋지 않다고 한다. 또 어떤 선생님은 수업 시간에 늘 질문하는 학생이었다. 그래서 수업 시간에 학생들이 질문을 많이 하길 바라는데 하지 않아 실망스럽다고 말한다.

하지만 나는 그런 학생들을 다 이해할 수 있다. 내가 바로 그런 선생님들이 별로 좋아하지 않는, 수업 시간에 질문도 하지 않고 딴짓을 자주 하던 학생이었기 때문이다. 수업에 집중하지 못해 공책에는 낙서가 가득하고 머릿속에는 다른 생각이 가득했다. 특히 대학교 전공 수업 3시간은 나에게 3일 같아 딴짓을 하지 않고 버티기가 불가능했다. 딴짓을 많이 하는 나였지만 예상과 달리 좋은 학점으로 대학교와 대학원을 졸업했다. 그 비결(?)은 일단 딴짓을 하더라도 결석하지 않고, 수업 시간 내내 딴짓을 하지는 않았다는 것이다. 집중력이 떨어질 때도 있지만 중요한 내용은 들으려고 노력했다. 그래서 교실에서 학생들이 가끔 딴짓을 해도 나는 크게 신경 쓰지 않는다. 또 하나의 비결은 내가 좋아하는 수업을 선택했다는 것이다. 원하는 학과에 들어갔기 때문에 전공 수업은 늘 재미있었다. 하지만 교양수업이 문제였다. 왜 들어야 하는지 이유를 찾지 못했고, 배운 내용을 외워서 시험을 보는 방식이 나와 맞지 않았다. 그래서 지루한 교양수업 대신 국어국문학과 부전공을 신청하고 내가 좋아하는 문학비평, 소설 창작 수업 등을 들었다. 그리고 나만의 필기 방법을 만들기도 했다. 바로 수업 시간에 교수님의 말을 그대로 옮겨 적는 것이었다. 교수님마다 말하는 특징이 다 다른데 그 특징대로 책에 옮겨 적어 두면 드라마를 보는 것처럼 그때의 상황이 잘 떠오르고 어떤 이야기를 했는지 더 오래 기억에 남았다.

　나는 겉으로는 모범적이나 속으로는 다른 생각을 많이 하던 학생이었기에 수업을 재미있게 듣기 위한 나만의 방법을 계속 찾아야만 했다. 이런 경험이 한국어 선생님이 된 이후 재미있는 수업에 집착하는 이유가 되었다. 선생님이 되면서 나는 내가 학생일 때 들었던 수업과 만났던 선생님들을 떠올렸다. 초등학교부터 대학원 박사과정까지 들은 수많은 수업 중에서 내가 어떤 수업에 집중을 잘했고 어떤 수업이 가장 힘들었는지 생각해 봤다. 먼저 내가 들었던 최악의 수업은 수업 내내 PPT에 있는 수많은 글을 그대로 읽는 교수님의 수업이었다. 그 어떤 사진이나 설명도 없이 그냥 PPT 내용만 읽었고 심지어 자료도 공유해 주지 않아서 3시간 동안 공책에 옮겨 적어야 했다(나중에는 꾀가 생겨 친구와 나누어 한 페이지씩 적기도 했다). 게다가 그 내용을 다 외워서 시험에 써야 하기까지 했다. 수업 내용이 머릿속에 들어오지 않고 손글씨 연습만 한 수업이었다.

　반대로 내가 집중하고 좋아했던 수업 중 하나는 친

절하지 않은 교수님의 수업이었다. PPT나 책의 내용이 아닌 교수님의 말을 집중해서 들어야 했는데 그 내용이 재미있어 집중이 잘되었다. 나눠 주신 핸드북도 빈칸이 많아서 교수님 말씀을 집중해서 들어야 그 내용을 받아 적을 수 있었고, 어떤 내용을 이야기할지 미리 알 수 있어서 좋았다. 또 하나는 이벤트 기획 수업이었는데 조별로 수업 시간마다 이벤트를 만들어 학생들이 모두 참여했다. 대학교 안에서 여러 이벤트를 기획하고 행사를 진행하면서 실제적이고 다양한 경험을 할 수 있었다.

여러 수업을 들으면서 내가 어떤 경우에 잘 집중하는지 알게 되었다. 첫째, 내가 관심이 있는 주제를 배울 때다. 배우고 싶었던 분야에 대한 수업은 집중이 더 잘되고 시간이 빨리 지나가는 느낌이 든다. 외국어로서의 한국어교육 전공 대학원 수업 중에서도 나는 발음 교육에 관심이 많았다. 부산 사투리를 혼자 교정하면서 발음은 조금만 주의하면 충분히 바꿀 수 있다고 느꼈고, 외국인 학생들에게도 이런 방법을 알려 주면 한국어를 더 유창하게 할 수 있겠다는 생각이 들었다. 발음 교육과 관련된 음운론과 음성학 수업은 배운 내용을 수업 시간에 어떻게 적용할지 생각하면서 들었더니 더 집중이 잘 됐다.

둘째, 다 알려 주는 수업이 아닐 때 나는 집중했다. 자료를 다 보여 주고 설명하기보다 빈칸이 있는 수업을 좋아했다. 선생님의 말을 꼼꼼하게 들어야만 필기할 수 있는 수업에 흥미를 느꼈다. 빈칸을 채우는 재미와 빈칸의 중요성, 수업의 흐름을 알 수 있는 수업을 들을 때 나는 집중했다.

셋째, 학생들이 직접 참여하는 수업에 흥미를 느꼈다. 이런 수업 방법에는 여러 가지가 있는데, 내가 중국어학원에서 HSK 5급 대비반 수업을 들을 때 그 중국어 선생님은 문제에 있는 지문을 한 문장씩 읽도록 시켰다. HSK 4급과 달리 문제에는 병음 없이 한자만 있었고, 나는 긴장하며 다른 사람이 읽는 것은 듣지도 않고 내 순서를 예상해서 내가 읽을 문장의 병음을 찾느라 진을 뺐다. 그렇게 진땀을 흘리고 나면 머릿속에 남는 건 하나도 없이 수업이 끝났다. 이렇게 학생들이 긴장하지 않고 즐거운 분위기에서 참여하는 수업은 언제나 좋았다. 다른 친구들과 하나의 주제에 대해 이야기하고 그 내용을 다른 학생들과 공유하는 활동을 좋아했다. 책 속에 멈춰 있던 내용이 이런 활동을 하면 살아 있는 느낌이 들면서 시간도 잘 가고 내용도 더 오래 기억에 남았다.

마지막으로 선생님이 좋을 때 나는 수업에 더 집중

했던 것 같다. 평소에 관심이 없고 배우고 싶은 내용이 아니었어도 그 선생님이 잘 가르치거나 인간적으로 호감이 가면 수업을 잘 들었다. 수업 내용을 재미있게 이야기하거나 선생님의 말투가 재미있으면 수업이 즐거웠다. 그런 수업을 듣다 보면 없던 관심도 생기고 더 배우고 싶은 생각도 들고 좋은 성적으로 칭찬도 받고 싶어졌다.

이러한 경험이 지금의 나를 만들었다. 집중력이 떨어졌던 학창 시절 덕분에 더 재미있는 선생님이 될 수 있었다. 먼저 학기 초에 학생들에게 부담을 주지 않는 편안한 분위기를 만들었다. 내가 먼저 학생들에게 마음을 열고 편안함과 즐거움을 느끼게 하려고 노력했다. 나는 평소엔 조용한 편이지만 수업 시간에는 전혀 다른 사람이 된다. 내가 적극적으로 보여 주고 행동해야 학생들도 적극적인 태도를 보인다. 학생들에게 틀려도 괜찮고 못해도 괜찮으니 생각한 것을 다 말하고 표현하라고 시간을 주고 기다린다. 학생들이 말할 때 틀린 것을 바로 고쳐 주지 않고 수업이 끝나거나 각자 문제를 푸는 시간에 살짝 말해 준다.

급수마다 다르겠지만 어떤 급수라도 쉽게 대답할 수 있는 질문을 많이 준비하는 편이다. 학생들이 질문을 제대로 이해하고 대답을 하는 횟수가 늘어나면 수업 참여도도 높아지고 듣기와 말하기에 자신감도 가질 수 있다고 생각한다. 한 주제를 두고 쉬운 질문부터 어려운 질문까지 난이도를 조절하면서 이것저것 물어보면 내가 일방적으로 가르치는 게 아닌 같이 이야기를 나누는 느낌을 줄 수 있다. 그리고 학생들의 다양한 의견을 들을 수 있는 주제인 경우 시간이 많이 걸리더라도 모든 학생에게 똑같이 질문한다. 질문할 때도 학생들이 대답을 준비할 수 있는 시간을 준다. 그리고 적극적인 학생에게 먼저 질문하면 다른 학생들도 자신감이 생겨 더 적극적으로 잘 이야기하는 것 같다. 내가 수업에서 일방적으로 말하지 않고 소통한다는 느낌을 주면 학생들이 더 집중을 잘하는 것 같다. 코로나로 모든 수업이 온라인으로 진행되었을 때도 모든 학생에게 질문하고 대답을 들으면서 같이 있다는 느낌을 주려고 노력했다.

　나는 학생들이 직접 참여할 수 있는 시간을 많이 가지려고 애쓴다. 한국어 수업에선 대부분 문법이나 단어를 배우고 나서 말하기 연습을 하는데, 책에 있는 내용을 배운 다음에 복습할 시간이 있으면 학생들끼리 문법과 단어를 사용해서 대화를 만들고 발표해서 다른 친구들과 그 내용을 공유하도록 한다. 선생이 아니라 학생들이 많이 말할 수 있는 수업을 만들려는 것이다. 또 복습할 때 학생들이 함께 즐길 수 있는 여러 가지 게임을 만들어 활용하는데, 학생들이 가장 재미있어 하는 게임은 젠가다. 1급에서 배운 동사가 적힌 젠가 나뭇조각을 친구들과 같이 뽑고 그 동사와 배운 문법으로 문장을 만드는 활동이다. 친구가 만든 문장을 다른 친구가 듣고 쓰고 또 젠가를 뽑고 문장을 만든다. 별거 아닌 게임이지만 어떤 단어가 나올지 모르고 또 듣고 말하고 쓰는 연습도 같이 할 수 있어서 학생들이 즐거워한다.

　마지막으로 학생들이 수업에 집중할 수 있도록 판서를 한다. PPT로도 충분히 잘 진행할 수 있지만 나는 어째서인지 나와 학생 사이를 PPT가 가로막는 느낌이 든다. PPT를 만들어서 수업을 하면 학생들이 나를 보지 않고 PPT만 본다. 나는 학생들과 눈을 마주치며 소통하고 싶은 마음이 커서인지 PPT는 거의 사용하지 않는다. 그래서 학생들과 이야기하며 칠판에 내용을 채워 나가고 중요한 부분은 빨간색으로 표시하거나 학생들이 질문하고 이야기한 내용을 그때그때 적어 나가면 우리만의 공부가 되는 기분이 든다. 수업 시간에는 한국어 말고 다른 외국어를 사용하지 않는데, 특히 초급 학생들이 질문했을 때 말로 충분히 설명할 수 없으면 칠판에 그림을 그리기도 한다. 형편없는 그림 솜씨가 학생들을 즐겁게 하고 어떤 단어인지 빨리 이해할 수 있어서 그림을 자주 그리는 편이다.

재미있는 수업이란 선생 혼자만이 아니라 학생들과 함께 즐거울 수 있는 수업이어야 한다고 생각한다. 외국어를 배운 경험에 비추어 봤을 때 외국어로 수업을 듣고 말하고 써야 하는 시간은 굉장한 부담과 스트레스를 준다. 한국어를 배우는 학생들이 포기하지 않고 자신감을 가지고 끝까지 공부할 수 있도록 계속 재미있는 수업 방식을 연구하고 싶다. 재미있는 수업에 집착하니 나도 수업이 즐겁고 늘 기대감으로 가득하다. 오늘도 내가 준비한 활동이 학생들에게 공부와 재미를 다 줄 수 있을지 설레는 마음으로 교실로 들어간다.

{ 6 }

한국어 수업에서 중요한 세 가지

교실이라는 공간을 떠올려 보면 꼭 있어야 할 세 가지가 있다. 바로 선생, 교재, 학생이다. 그럼 이 세 가지 중에서 무엇이 가장 중요할까? 요즘 핫하다는 Chat GPT에 물어보니 '학생'이 가장 중요하단다. 학생에 따라 선생의 수업 방식과 교재 내용이 달라지기 때문이라고. 나도 그렇게 생각한다.

선생도 물론 중요하다. 어떤 선생이 좋은 선생님일까? 당연히 잘 가르치는 선생이다. 하지만 잘 가르치기만 하는 선생은 좋은 선생이 아니라고 생각한다. 완벽하게 수업 준비를 했다고 하더라도 학생들의 수준이나 교실 상황에 따라 달라져야 하는 부분이 많기 때문이다.

한 반에 학생 수가 서른이나 마흔 명 정도로 많을 때는 학생 한 명 한 명을 배려하기 힘들다. 내가 가르치는 한국어 교실에는 보통 열네 명에서 열다섯 명 정도의 학생이 있다. 학생 수가 많지 않으니 학생들의 수준이나 성향을 고려해서 수업을 할 수 있고 선생도 편한 것 같다. 또 한국어 수업에선 여러 나라의 문화 차이도 고려해야 한다. 학생끼리도 서로 문화 차이로 인한 오해가 생기지 않도록 주의해야 한다.

선생은 순발력이 중요한 직업이다. 학생들이 가끔 예상하지 못한 질문을 할 때가 있는데 초보 선생님 시절에는 자연스럽게 고개를 돌리고 칠판을 지우며 머리를 굴리곤 했다. 생각이 길어지면 깨끗한 칠판을 계속 지우기도 했다. 요즘에는 학생들이 어떤 질문을 할지 예상하고 미리 준비하기 때문에 크게 긴장하지 않는데 초보 시절에는 대답을 못할까 봐 많이 걱정했다. 아무리 생각해도 지금 대답할 수 없는 질문을 받았을 때는 당황하지 않고 "쉬는 시간에 알아보고 이야기해 줄게요"라고 대답하기도 한다.

순발력이 필요할 때가 또 있다. 수업 시간이 남거나 부족할 때다. 읽기 수업을 할 때 시간이 많으면 수업 초반에 다양한 내용을 이야기하거나 읽기 후 활동으로 말하기를 한다. 하지만 시간이 부족하면 필요한 내용만 전달하고 수업을 진행한다. 수업 시간을 유연하게 사용하는 것이 중요하다고 생각한다.

갑자기 컴퓨터에 문제가 있거나 스피커가 고장 났을 때도 순발력 있게 대처해야 한다. 나는 두 경우를 다 경험했기에 이런 일이 생기면 자연스럽게 대처할 수 있는 방법을 찾았는데, 최근에 수업하려고 교실에 들어가서 당황한 적이 있다. 나는 칠판에 판서하며 수업을 하는데 스크린이 올라가지 않는 것이다. 스크린 뒤에 있는 칠판을 써야 하는데 말을 듣지 않았다. 조금 당황했지만 늘 가지고 다니는 교재 스캔 파일을 열고 거기에 타이핑을 하며 수업을 했다.

교재도 중요하다. 한국어 교재는 주로 통합식인데 주제별로 단어, 문법, 대화, 듣기, 읽기, 쓰기가 제시되어 있다. 대학교마다 자체 교재를 개발해서 사용하는데, 교재마다 특징이 있지만 대체로 공통 교육 과정에 맞게 구성되어 있다. 하지만 설명이 영어나 일본어, 중국어 등 외국어로 되어 있는 교재가 있고 한국어로만 되어 있는 교재가 있다. 다 장단점이 있지만 나는 한국어로만 되어 있는 교재를 더 선호한다. 두 가지 교재를 모두 사용해 봤는데, 학생들의 집중도에서 차이를 느꼈기 때문이다.

대상에 따라 교재 내용이 달라지기도 한다. 대학 생활에 필요한 한국어, 일상생활을 위한 한국어, 여행 한국어, 비즈니스 한국어 등 다양하다. 또 노래로 배우는 한국어, 드라마로 배우는 한국어, 만화로 배우는 한국어 등 배우는 방법에 따른 교재도 많다.

교재 역시 학생들이 한국어를 배우는 목적에 따라 달라진다. 한국어능력시험을 대비하는 학생들은 여러 문법과 단어를 배우고 싶어 하고 취미로 배우는 학생들은 한국 문화나 일상생활에서 사용하는 한국어를 배우고 싶어 한다. 내가 가르치는 교실에는 두 유형의 학생이 다 있어서 교재에 있는 단어와 문법을 가르치면서 일상생활에서 쓰는 표현도 함께 가르치려고 노력한다. 문법 'ㄴ/는다고 해요'를 가르치면 보통 한국 사람들은 'ㄴ/는대요'라는 표현을 더 자주 사용한다고 알려 준다. 학생들이 한국어를 배우는 목적에 따라서 교재 내용이나 가르치는 방법이 달라야 하는 것이다.

선생님과 교재에 대해 이야기했다. 둘 다 학생의 성향이나 공부 목적에 부합하는 게 중요하다. 나는 같은 급수라도 학생들의 수준에 따라서 말하는 속도나 가르치는 속도를 조절한다. 또 듣기 시간에 들려주는 음원도 잘하는 학생이 많은 반은 재생속도를 높이고 조금 느린

학생이 많은 반은 속도를 천천히 한다. 하지만 앞서 이야기한 것처럼 모든 학생에게 다 맞출 수는 없다. 학생들은 정말 다양하다.

감사하게도 내가 만나는 학생의 80퍼센트는 결석하지 않고 열심히 수업을 듣고 한국어 공부에 흥미를 느낀다. 내가 하는 이야기에 집중하고 다른 학생들과 말하기 연습도 열심히 하며 적극적으로 수업에 참여한다.

이런 학생들은 대부분 큰 문제 없이 한 학기를 보내는데 간혹 경쟁심이 심한 학생을 만날 때도 있다. 반에서 한국어를 제일 잘하고 싶어서 모든 질문에 먼저 대답하는 학생이 있다. 처음에는 다른 학생들도 대답하다가 이 학생이 계속 혼자 먼저 말을 해 버려서 나중에는 다른 학생들이 대답하지 않으려 한다. 이런 학생이 있을 때는 열린 질문을 하지 않고 학생 한 명 한 명에게 따로 질문한다. 경쟁심이 심한 학생은 문제를 하나만 틀려도 기분이 상해서 울기도 한다. 상담 시간에 시험지를 확인하고 피드백을 해 주는데, 성적이 좋은데도 만족하지 못해서 기분이 좋지 않으면 선생님인 나도 마음이 불편하다. 하지만 이런 학생들은 적은 편이고 대부분 한국어 공부를 즐긴다.

반대로 20퍼센트의 학생은 열심히 공부하지 않는

다. 이런 학생들을 만나면 늘 힘들더라도 지금 열심히 공부해서 다음 급수로 가는 게 더 좋다고 말하지만 큰 효과는 없는 듯하다. 학생들이 공부를 안 하는 이유는 여러 가지다. 여름 학기나 겨울 학기에 만나는 학생 중 몇몇은 이미 대학교에 합격해서 비자 때문에 어쩔 수 없이 수업에 오고, 한국어 공부에 흥미를 잃은 경우도 있고, 아르바이트나 다른 일로 피곤해서 수업에 집중을 못하는 경우도 있다. 나는 학생들이 열심히 공부하든 하지 않든 그것은 학생의 자유라고 생각한다. 하지만 학생들이 공부에 다시 흥미를 가질 수 있도록 수업 시간에 더 신경을 쓰고 수업이 끝난 후에도 이야기를 많이 나누려고 노력한다. 그럼에도 바뀌지 않는 학생을 만나면 고민이 많이 된다.

또 선생님을 곤란하게 하는 학생들도 있다. 학기 초에 선생님을 테스트해 보는 것이다. 선생님이 문법에 대해서 얼마나 많은 지식을 가지고 있는지 물어보기도 하고 갑자기 다른 주제의 내용을 질문하기도 한다. 지난학기 선생님은 괜찮다고 했는데 왜 선생님은 안 된다고 하느냐며 불만을 토로하기도 하고, 가르치는 방법을 두고 다른 선생님과 비교하기도 한다. 또 수업 시간에 선생님과는 잘 지내지만 같은 반 친구들과는 잘 못 지내거나 특정 나라의 학생에게 싫은 티를 내거나 서로 사이가 안 좋은 학생도 있다. 나는 매주 자리를 바꿔 여러 학생과 연습할 수 있는 교실 환경을 만드는데, 이런 문제가 있으면 자리를 바꾸는 게 쉽지 않다. 그래서 자리를 바꾸되 원하는 자리에 앉도록 선택권을 준다. 그러면 사이가 좋지 않는 학생들이 만나는 경우가 적어진다. 하지만 한 학기 동안 계속 그렇게 지낼 수는 없다. 오해가 있다면 서로 풀 수 있도록 돕는 편이다.

이렇게 학생 한 명 한 명을 신경 쓰다 보면 수업을 제대로 진행할 수가 없다. 그래서 나는 모든 학생이 열심히 공부하고 서로 잘 지내려고 학기초에 전체적인 분위기를 잡기 위해 굉장히 노력한다.

내가 생각하는 가장 이상적인 교실 분위기는 학생들이 매일 학교에 오고 열심히 수업을 듣고 서로 잘 지내며 선생님과 이야기도 잘 나누고 숙제도 꼬박꼬박 잘하는 것이다. 1년에 네 학기가 있는데 한 학기 정도는 이런 행운의 반을 만난다. 그러면 매일 수업이 기다려지고 어떤 활동을 해도 적극적으로 참여하기 때문에 수업하는 맛이 난다. 그래, 이 맛이야.

큰 노력 없이 이렇게 좋은 분위기가 만들어지면 소극적인 학생들도 조금씩 마음의 문을 연다. 한국어 수업에는 짝 활동이 많다. 옆에 앉은 학생과 대화 연습을 하거나 듣기나 말하기 후 관련 주제에 대해 서로 이야기하는 활동이 많은데, 분위기가 좋은 반은 모두가 즐겁게 대화하며 주제를 벗어나 어제 뭐 했는지, 뭐 먹었는지 서로 한국어로 계속 이야기를 주고받는다. 그래서 이런 반은 연습 시간을 정해 주고 말하기 활동을 하는 편이다. 시간을 정해 주지 않으면 끝이 없기 때문이다.

어떤 학기에는 너무 소극적인 학생들만 가득한 반을 만나기도 한다. 공부는 열심히 하지만 아무도 대답하지 않고 서로 친해지려 하지도 않는다. 대부분 혼자 조용히 공부만 한다. 나는 이런 반을 맡으면 굳이 적극적이고 활발한 분위기를 만들려고 애쓰지 않는다. 나도 조용한 선생님이 되는 것이다. 하지만 이런 분위기에 맞추며 조금씩 재미있는 포인트를 찾아간다. 조용한 반에서는 내가 질문하면 대답을 잘 하지 않기 때문에 학생 한 명 한 명에게 질문하고 재미있는 내용이 있으면 조금 더 파고들어 학생들에게 조금이라도 웃음을 주려고 노력한다. 말하기 활동을 할 때 딱 필요한 연습만 하고 "선생님, 다 했어요"라고 말하는 학생들이기 때문에 학기가 끝날 때까지도 서로 친해지지 않는 경우가 많다. 그래서 주로 어떤 것을 좋아하고 어떤 일이 있었는지 내가 모두에게 질문한다. 또 역할극을 할 때는 보통 칠판 앞에 나와서 발표하도록 하는데 조용하고 소극적인 학생들은 부담을 느끼기 때문에 앉은 자리에서 하게 하고 조금씩 마음을 열면 앞에 나오도록 하기도 한다. 게임을 할 때도 팀을 짜서 순발력 있게 해야 하는 게임보다 옆 친구와 주사위를 굴리며 문법 연습을 할 수 있는 조용한 활동을 주로 한다. 이런 반에 가끔 구세주 같은 분위기 메이커가 있는데 내가 말하는 것보다 그 학생의 한마디가 더 반응이 좋을 때가 있다. 그 학생이 가끔 결석하면 허전할 정도다.

학생들의 성향은 얼마든지 맞출 수 있다. 하지만 너무 잘하는 학생과 너무 못하는 학생이 섞여 있으면 정말 수업하기가 어렵다. 같은 급수의 끝과 끝에 있는 학생들이 모여 있으면 가르칠 때 정말 신경을 많이 써야 한다. 잘하는 학생에게 맞추자니 못하는 학생에게 충분한 설명을 하지 못하고, 못하는 학생에게 맞추자니 잘하는 학생이 기다리는 시간이 많아진다. 잘하는 학생이 조금 기다려 주면 크게 문제될 것은 없지만 선생의 질문이 끝나자마자 대답하는 학생을 만나면 무척 난처하다. 여러 가지 시도와 고민 끝에 나는 잘하는 학생에게 맞추기보다 못하는 학생에게 조금 더 맞추기로 했다. 문법을 배운 후 연습문제를 풀 때 잘하는 학생과 못하는 학생이 걸리는 시간이 다르다. 그럴 때는 못하는 학생이 충분히 문제를 풀 수 있도록 시간을 주면서 잘하는 학생에게 다가가 다른 대답을 써 보게 하거나 관련 질문을 하면서 난이도를 맞춰 준다. 이렇게 조금씩 맞추다 보면 학기 중반에는 수준이 비슷해진다. 그래서 처음에 학생들의 수준을 파악하는 게 중요하다.

한국어 수업에서는 선생, 학생, 교재 모두 중요하지만, 나는 어떤 학생을 만나느냐에 따라서 달라지는 선생이기 때문에 학생이 가장 중요하다고 생각한다. 어떤 학생에게 나는 조용한 선생으로, 어떤 학생에게는 재미있고 활발한 선생으로 기억될 것이다. 학생 한 명 한 명에게 다 맞출 수는 없지만 전체 교실 분위기에 맞게 교재 내용이나 속도를 조절하며 수업하면 나도 편하고 학생들도 편하다. 그리고 이런 변화들이 이 직업을 지루하지 않게 만드는 매력이라고 생각한다.

{ 7 }
'진짜' 한국어

한국어 선생이라고 하면 대부분 첫 질문이 "영어를 잘하세요?"다. 하지만 나는 영어를 딱히 잘하지 못한다. 나는 중학교 1학년 때 알파벳 대문자와 소문자 쓰는 법을 배웠다. 그게 내가 만난 첫 영어였다. 뾰족하게 연필을 깎아서 적당한 기울기로 칸에 알맞게 알파벳을 쓰면 칭찬을 받았다. 그리고 고등학교에서는 단어를 무식하게 외우고 직독직해를 하는 것이 영어를 잘하는 것이라고 생각했다. 중학교와 고등학교 영어 수업 시간에는 '입'은 쉬고 '눈'이 더 바빴다. 대학생 때는 토익 점수를 따려고 다양한 꼼수를 배웠다. 그때도 '입'은 별로 할 일이 없었다. 그렇게 내 영어 실력은 부끄러운 수준이었다. 맥

도날드에서 아르바이트할 때 외국인이 웃으며 주문하러 오면 도망가고 싶은 마음뿐이었다.

그러던 내게 영어가 필요한 순간이 왔다. 평소에 영화 보는 것을 좋아하던 나는 대학생이 되면서 다양한 장르의 영화를 접했다. 그러다 내가 좋아하는 영화가 아카데미 영화제에서 수상을 했다는 소식을 듣고 그 영상을 찾아 봤다. 한글 자막이 없는 영상이었는데 배우가 수상 소감을 이야기하자 청중들이 하하하 웃었다. 하지만 나는 웃지 못했다. 나도 웃고 싶었다. 나도 그 배우가 하는 말을 알아듣고 싶었다. 그때부터 영어를 잘하는 사람이 되고 싶었다. 내가 쓴 방법은 좋아하는 영화 한 편을 무식하게 계속 보면서 재미있는 대사나 단어를 메모하는 것이었다. 그러다가 영화 『악마는 프라다를 입는다』 자막 파일이 생겼다. 나는 자막 파일을 출력해서 모르는 단어를 공부하고 대사를 따라 하는 연습을 했다. 그리고 자막이 없는 '아카데미 시상식' 영상을 매년 찾아봤다. 3년 정도 시상식을 보니까 어떤 상황인지 조금 알 수 있었고 조금은 따라 웃을 수도 있었다. 그렇게 귀가 조금씩 열렸다.

그해에 나는 비욘세에게 빠졌다. 비욘세의 노래를 이해하고 싶어서 또 가사를 공부하고 열심히 따라 불렀다. 올림픽공원에서 비욘세의 공연을 보며 떼창도 했다. 그렇게 영어에 조금씩 자신감이 생겼을 때쯤 '글로벌 챌린지' 프로그램에 합격해 대학교 동기들과 태국과 싱가포르로 탐방을 떠났다. 그전에 일본 여행은 가 보았지만 태국과 싱가포르는 처음이었다. 그 탐방을 계기로 영어에 대한 공포가 조금 사라졌다. 적절한 단어와 어순이 아니어도 의사소통이 된다는 것을 알았고, 그 사람들이 내 영어를 알아들었을 때 또 그들의 영어를 내가 알아들었을 때 정말 기뻤다.

그럼 요즘 내 영어 실력은? 지금도 여전히 유창하지 않지만 영어가 무섭지는 않다. 학생들이 가끔 영어로 질문하면 한국어로 대답할 수 있고, 영화나 노래를 알아듣는 정도는 된다. 지금도 영어를 더 잘하고 싶고 조금 더 일찍 영어와 친하게 지냈으면 더 좋았겠다는 생각이 든다. 영어를 잘하고 싶어 하는 사람은 많다. 그래서 요즘에는 아이를 영어유치원에 보내기도 하고 원어민 선생님에게 영어를 배우기도 한다. 하지만 '진짜' 영어를 배우기 위한 가장 좋은 방법은 영어권 나라에 직접 가서 생활하는 것이라고 생각하는 사람이 많을 것이다. 나도 그 생각에 동의하지만 '진짜' 한국어를 배우러 오는 학생들을 보면 꼭 그렇지만도 않은 것 같다.

나는 유학 경험이 없으니 가르치는 학생들에 비추어 봤을 때 한국에서도 '진짜' 한국어를 배울 수 있는 기회는 많지 않은 것 같다. 학교와 집을 오가는 제한된 생활 속에서 만나는 사람은 다 한국인이 아니고, 대부분 같은 나라 친구들과 어울린다. 학생들은 한국 친구를 사귀고 싶어 하지만 사귀기 어려워서 그런지 친구가 한 명도 없는 경우도 많다. 대학교에 입학하면 한국 친구를 사귈 수 있을 거라고 말하지만 입학한 학생들에게 물어보면 여전히 없다고 한다. 그러면 난 요즘 한국 사람도 친구가 없다거나 내가 친구가 되어 주겠다고 이야기한다.

'진짜' 한국어는 무엇일까? 한국 사람들이 일반적으로 쓰는 표현일 수도 있고 일상생활에 필요한 한국어일 수도 있다. 나는 학생들에게 '진짜' 한국어를 쓸 수 있도록 최대한 실제적인 것을 많이 가르쳐 주려고 노력한다. 한국어를 배우려고 사랑하는 가족을 떠나 혼자 낯선 나라에 온 학생들에게 교실에서 여러 가지 경험을 하게 해 주고 나중에 '진짜' 한국어를 당당하게 사용할 수 있도록 다양한 활동을 준비한다. 가장 간단한 예로 한국어 교재의 대화나 듣기에 '그렇군요'라는 표현이 많은데 실제 우리는 이 표현을 잘 쓰지 않는다. 외국인이 한국 사람과 이야기할 때 "그렇군요"라고 말한다고 생각해 보

자. 굉장히 어색하다. 그래서 교재에 제시된 표현을 요즘 사람들이 더 잘 쓰는 표현으로 바꿔 준다. 부산에서 한국어를 공부하는 학생들은 사투리에 관심이 많은데 부산 사투리로 어떻게 표현하는지 가르쳐 주기도 한다.

교실에서 실제적인 경험을 하게 해 주려고 '굳이' 안 해도 되는 것도 준비하는 편이다. 여행사 직원이 되어 여행 상품을 발표하는 수시 평가가 있다. 학생들이 발표할 때 여행 회사 직원이라고 생각할 수 있도록 회사 이름을 만들어 깃발을 제작하고 이름표를 목에 걸어 준다. 그러면 더 몰입한 학생들은 자신의 여행 상품을 광고하기 위해 더 열심히 발표한다. 또 일기예보를 배운 날에는 고향의 날씨를 스크린에 띄운 후 기상캐스터가 되어 소개하는 말하기 활동을 하는데 일기예보에서 자주 나오는 배경음악을 준비한다. 뉴스 기사를 제작해 발표할 때에도 마찬가지다. 우리는 교실에 있지만 조금이라도 실제감을 더 주려고 애쓴다.

3급 수업에서 '아이돌 팬 사인회'에 가는 대화가 나오는데 수업을 시작할 때 학생들에게 만나고 싶은 배우나 가수의 사진을 보내라고 한다. 나는 아이패드에 그 사람의 모습을 확대해서 얼굴에 갖다 대고 학생에게 다가간다. 학생이 그 가수에게 하고 싶은 말을 하면 대답을 해 주는데 학생들은 진짜 아이돌가수를 만난 것처럼 기뻐하며 얼굴이 빨개진다. 다른 사람들은 뭘 그렇게까지 하느냐고 하겠지만, 우선 내가 즐겁고 학생들이 '진짜' 좋아하는 가수를 만났을 때의 경험을 간접적으로나마 할 수 있게 해 주고 싶은 마음이 크기 때문이다.

'교환 - 환불하기'를 배운 후에 직접 백화점 직원과 손님이 되어 하는 역할극도 재미있다. 스크린에 백화점 매장 배경을 띄우고 종이봉투와 영수증을 준비한다. 두 명이 팀이 되어서 물건과 교환 환불 이유를 뽑고 교재에서 배운 대화 내용을 이용해 새로운 대화를 만들어 발표한다. 역할극을 즐기는 학생이 많을 때에는 학생들의 실감 나는 연기를 보는 재미가 있다. 평소에는 조용하던 학생이 직원에게 화를 내며 환불해 달라고 하는 모습을 보면 학생들도 놀라고 나도 놀란다.

'공공장소 예절 이야기하기' 역할극도 재미있다. 다양한 공공장소에서 한 사람은 예절을 지키지 않고 한 사람은 지켜야 할 예절에 대해 이야기하는데 예절을 지키지 않는 사람은 그 행동을 꼭 몸으로 표현해야 한다. 도서관에서 시끄럽게 떠들거나 지하철에서 다리를 벌리고 앉거나 박물관에서 사진을 찍는 행동을 보여 주는데 칠판 앞에서 학생들의 연기를 보면 재미있다. 처음에는 소극적인 태도를 보이는 학생이 많지만 이런 역할극을 계속하다 보면 부끄러워하지 않고 더 적극적으로 연기하고 말하게 되는 것 같다.

초급 수업에서 의사와 환자가 되어 증상을 이야기하는 말하기 활동을 할 때에도 다이소에서 파는 '병원놀이' 장난감을 준비한다. 장난감 청진기와 주사기 등을 주고 내과, 안과, 치과 등 다양한 병원을 뽑게 한 후 짝 활동으로 대화를 만들어 발표하게 한다. 학생들은 장난감을 이용해서 진짜 의사처럼 연기하기도 하고 아픈 환자를 맡은 학생은 증상을 몸으로 표현하기도 한다. 그리고 한 명은 약국의 약사가 되어 처방전을 받으면 비타민 약을 준다. '진짜' 병원에 가기 전에 병원에서 증상을 말하고 처방전을 받아서 약국에서 약을 사는 경험을 교실에서 하는 것이다. 학생들도 즐겁지만 사실은 내가 더 즐거운 활동이다(나는 주로 간호사 역할을 맡는다).

중급 듣기에서 '헬스장 문의하기'를 배울 때에도 교재에서 끝내지 않고 직접 학교 헬스장에 전화해서 다양한 질문을 해 보는 활동을 한다. 학생들은 말하기 시험을 칠 때 대부분 질문을 하기보다 선생님의 질문에 대답하는 경우가 많다. 나는 대답도 중요하지만 질문도 매우 중요하다고 생각해서 이렇게 문의하는 내용이 나오면

짝 활동을 시키거나 직접 전화해서 질문해 보게 한다. 학교 헬스장에 모든 학생이 전화하면 실례가 되기 때문에 하고 싶은 학생 한 명을 뽑고 같이 칠판에 질문을 정리한다. 그리고 스피커폰으로 전화하는데 모두 숨죽이고 학생의 통화를 엿듣는다. 직접 헬스장 직원과 통화하면 책에서 배운 표현을 쓸 때도 있고 다른 표현을 쓸 때도 있다. 그래서 헬스장 직원이 사용한 표현을 판서하며 가르쳐 주면 학생들은 소소하게나마 '진짜' 한국어를 경험할 수 있다. 한국 사람과 통화하다 보면 '가능하세요' '그건 안 되세요'처럼 잘못된 한국어를 쓰는 경우도 있는데, 이건 잘못된 표현이라고 가르쳐 주며 한국 사람도 한국어를 100퍼센트 잘하지 않는다고 알려 준다.

내가 만든 활동 중에서 학생들이 가장 좋아하는 활동을 소개하고 싶다. 메시지를 주고받는 말풍선을 여러 개 만든 후에 학생들이 배운 단어와 문법을 사용해서 대화를 만드는 쓰기 활동이다. 학생들은 생각보다 한국 친구가 많지 않아서 한국어로 메시지를 주고받는 경우도 적은 것 같다. 그래서 '진짜' 한국 친구와 대화할 때 사용할 수 있도록 대화를 만들어 보게 한다. 학생들은 이 쓰기 활동을 즐기고, 다양한 대화를 만들어 서로 공유하면서 보는 재미도 있다. '부탁 - 거절하기'를 주제로 대화를 만들 때에는 부탁하는 문장을 내가 미리 만들어 두고 학생들이 어떻게 거절하는지 보는 것도 재미있다. 한국에서는 바로 '안 된다'고 거절하기보다 돌려 말하거나 다른 대안을 제시한다고 알려 주고 다양한 거절 표현을 가르쳐 주면 자신이 생각하는 좋은 거절 표현을 선택해서 대화를 완성한다. 이것도 다른 친구들이 한 것을 함께 보면 다양한 거절 방법을 알 수 있어서 좋은 것 같다.

내가 가장 좋아하는 활동은 학생들이 교실 밖으로 나가서 '진짜' 한국어를 만나는 것이다. 초급에서는 자음과 모음, 받침을 배우고 책에 있는 단어를 읽는 연습을 무한 반복하는데 학생들도 지겹고 나도 지겹다. 그래서 학생들에게 영상을 찍어 보내는 숙제를 내준다. 거리를 걸으면서 보이는 간판이나 물건 이름을 읽는 모습을 찍어서 보내면 수업 시간에 같이 그 영상을 본다. 학생들은 알고 있는 간판이 나오면 즐거워한다. 다 본 후에는 소리를 끄고 간판을 같이 소리 내어 읽게 한다. 또 가격을 배운 후에는 편의점이나 자신이 가지고 있는 물건의 가격을 읽는 숙제를 내주기도 한다. "이건 공책이에요. 공책은 천오백 원이에요." 이렇게 물건 이름과 가격을 말하는 영상 과제를 내주면 반복해서 쓰기 숙제를 하는 것보다 훨씬 재미있어한다(사실 내가 더 재미있다).

요즘에는 키오스크가 많아져서 이 과제를 내주지 못하지만 예전에는 직접 커피숍이나 과일 가게에 가서 직원과 말하는 모습을 찍어 오라고 한 적이 있는데, 수업 시간과 달리 '진짜' 가게 사장님은 친절하지 않은 경우도 있었다.

4급 말하기 활동 중에 '설문조사 결과 발표하기'가 있는데, 학생들이 질문지를 만든 후에 직접 학교에서 대학생들에게 질문하고 그 결과를 모아 발표하는 활동이다. 요즘에는 이 활동을 하지 않아 개인적으로 아쉽지만 예전에는 학생들이 기대 반 두려움 반으로 밖에 나갔고, 돌아와서는 재미있었다는 의견이 꽤 있었다. 하지만 친절하지 않은 한국 사람을 만나면 상처받는 경우도 있었다. 그래도 이렇게 직접 밖으로 나가 한국어를 배우는 건 좋은 경험이라고 생각한다.

학생들은 한국에서 한국어를 배우지만 '진짜' 한국어를 접하기는 쉽지 않다. 특히 코로나 기간에는 외출하기가 쉽지 않아 더 힘들었을 것이다. 교실에서 문법을 배우고 문제를 푸는 것도 중요하지만 직접 다양한 경험을 하는 것도 중요하다. 알파벳을 예쁘게 쓰는 것이 영어를 잘하는 것이 아님을 너무 늦게 알아 버린 나이기에 학생들에게는 '진짜' 한국어를 가르쳐 주고 싶은 마음이 크다.

{ 8 }
애증의 관계, 파파고

한국어 선생님을 괴롭히는 존재가 있다. 바로 학생들의 손안에 있는 파파고 번역 앱이다. 한국에 온 지 얼마 되지 않은 학생이 화장실에 가고 싶거나 중요한 전화 때문에 잠깐 나가야 하는 경우에 파파고로 학생의 말을 이해할 수 있어서 편할 때도 있다. 하지만 학생들이 공부할 때에도 파파고를 너무 '애정'해서 문제다.

나는 수업 중간에 "질문이 있어요?" "모르는 것이 있으면 질문하세요"라고 항상 이야기하는데 생각보다 질문하는 학생이 많지 않다. 편하게 질문할 수 있는 상황을 만들어 주지만 다른 친구들에게 불편을 끼치고 싶지 않아서인지 아니면 자신이 모르는 것을 들키고 싶지 않아서인지 자신 있게 "선생님, 이거 모르겠어요. 다시 설명해 주세요"라고 말하는 학생이 거의 없다.

이런 학생들이 의지하는 것이 바로 파파고 번역 앱이다. 파파고 때문에 수업 시간에 깜짝 놀란 적이 한두 번이 아니다. 학생들은 사전 대신 번역 앱을 사용하는 경우가 많은데 아무런 맥락 없이 단어를 찾다 보니 문제가 될 때가 있다. 1급반에서 문법 '(으)면'과 '- 고'를 배운 다음 날, 어제 배운 문법을 간단하게 복습하는 활동으로 '시장에 가면' 게임을 하려고 했다. 한 학생이 "시장에 가면 바나나도 있고"라고 말하면 다음 학생이 "시장에 가면 바나나도 있고 사과도 있고"라고 말하는 식으로 계속 이어 가며 말하기 연습을 하는 게임이다. 연습 게임을 하고 본격적으로 게임을 시작하려는데 한 학생이 손을 들더니 "선생님, 가면? mask?"라고 했다. 내가 작은 눈을 크게 뜨며 "네? 마스크요?"라고 하자 학생이 파파고 화면을 보여 주었다. 그래서 다시 문법을 설명했고 학생은 멋쩍은 듯 웃음을 지었다.

사실 이건 시작에 불과하다. 3급에서 만난 어떤 학생은 읽기 지문을 사진으로 찍어서 순식간에 자신의 모국어로 바꾸어 책을 보지 않고 휴대폰 번역 앱을 보면서 문제를 풀었다. 수업이 끝나고 학생을 불러 왜 읽기 문제를 그렇게 푸느냐고 물어봤더니 1급부터 계속 그렇게 해 왔다고 대답했다. 나는 이건 절대 좋은 방법이 아니라고 설득하며 단어 찾는 법, 읽기 문제 푸는 법을 알려 주었다. 다음 수업에선 내 눈치를 보며 번역 앱을 사용하지 않았지만 긴 문장의 한국어를 이해하는 것에 익숙하지 않아서 힘들어 보였다.

파파고 때문에 가장 힘든 순간은 학생들이 쓰기 숙제를 파파고에 의지해서 했을 때다. 중급 이상의 학생들은 쓰기 숙제로 원고지 기준 500~700글자를 쓴다. 숙제를 하기 전에 충분히 관련 내용을 배우고 개요 쓰기를 하고 내용을 정리한다. 그리고 피드백을 해 준 다음 정리한 내용과 배운 단어, 문법을 활용해 쓰기 숙제를 하고 선생님에게 제출한다. 그런데 이런 과정을 모두 무시하고 파파고로 쓰기 숙제를 하는 학생들이 가끔 있다. 원고지 공책에 쓰여 있는 것은 분명히 한국어인데 여러 번 읽어도 도대체 무슨 내용인지 이해할 수가 없다. 이럴 때는 피드백을 해 주지 않고 다음 날 학생에게 파파고를 썼는지 물어본다. 학생은 깜짝 놀라며 어떻게 알았냐고 한다. 나는 그런 학생에게 파파고보다 네가 더 한국어를 잘하니까 직접 다시 쓰라고 이야기한다.

학생들은 파파고가 한국에서 만든 번역 앱이니까

파파고의 한국어 실력이 완벽할 거라고 생각하는 것 같다. 그래서 수업 시간에 파파고를 사용하는 학생이 있으면 웃으면서 "파파고는 똑똑하지 않아요. 모르는 단어가 있으면 저에게 물어보세요"라고 늘 이야기한다. 그리고 학기 초마다 학생들이 파파고로 단어를 찾지 않도록 다른 방법을 미리 알려 준다. 초급 학생들이 배우는 단어는 간단한 편이고 모국어로 바꾸어도 큰 차이가 없기 때문에 번역 앱이 아닌 사전을 사용하도록 한다. 국립국어원에서 개발한 '세계인이 누리는 한국어 학습 사전' 사이트도 공유한다. 그 사이트에 들어가면 한국어 - 한국어, 한국어 - 러시아어, 한국어 - 몽골어 등 11개국 언어로 설명이 되어 있어서 학생들이 유용하게 사용할 수 있다. 한국어를 배우는 외국인은 교육과정에서 정해진 단어를 배우기 때문에 우리가 보통 사용하는 사전보다 '한국어 기초 사전'을 사용하는 것이 더 좋다.

중고급 학생들은 더 다양한 단어를 배우는데, 나는 학생들에게 쉬운 표현으로 단어를 설명하려 노력하고 학생들에게 모국어로 단어를 찾지 말라고 강조하는 편이다. 초급과 다르게 단어 뜻이 서로 일치하지 않는 경우가 종종 있기 때문이다. 학생들이 지난 급수에서 배워 알고 있는 단어를 활용해 설명하면 더 이해하기 쉽다.

하지만 나는 단어만 따로 설명하면 더 어렵고 효율적이지 않다고 생각해서 읽기 지문을 처음부터 끝까지 읽게 하고 문제를 푼 후에 단어를 더 자세하게 설명하는 편이다. 학생들이 모든 단어를 다 알고 있다면 당연히 답을 찾을 수 있겠지만 그것은 불가능하기에 읽기 지문에서 앞뒤 내용을 통해 의미를 추측할 시간을 준다. 이 과정을 힘들어하는 학생도 있고, 이 과정에 적응해서 한국어능력시험을 볼 때 도움이 많이 되었다는 학생도 있다. 학생마다 단어를 공부하는 방법은 다르겠지만 적어도 파파고만은 막고 싶은 마음이다.

하지만 파파고를 그렇게 미워할 수만은 없다. 단어를 찾을 때 말고 발음을 연습하고 싶을 때 유용하기 때문이다. 앱에 마이크 기능이 있어 단어를 말하면 음성을 인식해 글자로 표시해 주고 번역을 해 준다. 그런데 발음이 틀릴 경우 엉뚱한 단어를 표시한다. 특히 1급 학생들이 이런 방법으로 연습을 많이 하는데, 자음과 모음을 배울 때 단어를 제대로 읽는지 확인하는 방법으로 듣고 맞는 단어에 동그라미를 치거나 친구가 말하는 단어를 듣고 책에 있는 그림을 가리키는 방법도 있지만 파파고도 잘 사용할 수 있다. 자신의 발음이 정확해서 파파고에 그 단어가 뜨면 굉장히 즐거워하는 학생들은 집에서 발음 연습을 하거나 복습 시간에 확인하려고 사용하기도 한다.

중고급 학생 중에서도 발음에 문제가 있으면 이 방법을 추천한다. 지금도 기억나는 학생이 있는데 4급에서 만난 학생이었다. 성적도 좋고 수업 시간에 태도도 좋고 이해력도 빠르다고 생각했는데 발음에 문제가 많았다. 한국어의 받침을 제대로 읽지 않고 연음이나 격음화가 전혀 되지 않았다. 그래서 상담 시간에 발음을 연습하는 방법을 알려 주면서 '행복하게 살았어요'라는 문장을 읽어 보게 했더니 파파고가 '햄버거 가게'라는 글자를 표시했다. 학생은 놀란 눈치로 다시 마이크를 켜고 말했는데 파파고는 눈치도 없이 또 '햄버거 가게'를 띄웠다. 놀란 학생에게 받침을 정확하게 발음하지 않거나 필요한 발음 규칙을 제대로 지키지 않으면 한국 사람들이 이해하지 못할 거라고 이야기했다. 그때부터 계속 소리 내어 읽는 연습을 했고, 음성메시지를 녹음해서 보내 주면 피드백도 해 주었다.

이렇게 글로 쓰고 보니 파파고와의 추억이 정말 많기도 많았다. 하지만 파파고가 늘 나를 안 좋은 쪽으로 깜짝 놀라게한 것은 아니다. 한국어 선생만 받을 수 있는 특별한 메시지를 받기도 하기 때문이다.

당신의 모든 가르침에 감사드립니다.

선생님, 계속 예쁩니다. 너무 책임지고 귀엽습니다.

당신은 정말 훌륭한 선생님입니다. 정말 아름다운 미소를 가지셨군요. 너를 사랑해요.

당신은 학생들이 매우 고마워하는 선생님인데 어쨌든 항상 기억을 기억하고 이 일이 당신에게 약간의 힘을 줄 수 있기를 바랍니다.

파파고로 번역한 한국어지만 그 진심이 200퍼센트 느껴져서, 재미있고 감동적인 이런 메시지를 받을 때마다 캡쳐하거나 편지를 모아 둔다. 학생들에게 이 메시지의 한국어가 틀렸다고 고쳐 주고 싶은 마음도 들지만, 그런 마음은 잠깐 뒤로하고 사랑의 마음을 담아 이모티콘을 보낸다. 그냥 '감사합니다'라고 짧게 보낼 수도 있지만 자신이 표현하고 싶은 진심이 혹시나 틀릴까 봐 파파고를 이용해서 보냈다고 생각하면 더 귀엽고 감사한 마음이 든다.

{ 9 }

한국어를 배우는 한국인

새 학기가 되면 담당할 학생들을 출석부로 먼저 만난다. 그런데 최근 몇 년 사이에 달라진 점이 있다. 여러 나라의 이름 중에서 한국 이름을 심심치 않게 본다는 것이다. 김 씨도 있고 박 씨도 있고 이 씨도 있다. 그 학생의 국적이 한국인 경우도 있고 러시아, 중국, 일본 등 다양한 나라의 국적인 경우도 있다.

한국 이름을 가진 학생들이 한국어를 배우는 이유는 각자 다르다. 조금은 생소하게 느낄 수도 있는 한국어를 배우는 한국인에 대해 이야기해 보고 싶다. 먼저 내가 만난 첫 번째 한국 학생은 스무 살 남학생이었다. 어렸을 때 남미 어느 나라로 이민을 갔는데 대학 입학을 위해 한국어를 배우러 온 터였다. 그 학생이 처음 교실에 들어왔을 때 다른 학생들은 '한국 사람이 왜 한국어를 배우지?'라는 표정이었고 나도 똑같이 생각했다. 하지만 그 학생은 가족과 대화할 때만 한국어를 써서 말하기에 오류가 많고 쓰기 경험도 부족했다. 그래도 일상생활에 필요한 한국어 실력은 갖추었기에 4급에서 그 학생을 만났는데 교재의 모든 내용에 흥미를 느끼고 흡수력도 빨랐다. 마치 어린아이가 한국어를 처음 배우는 것처럼 눈빛이 반짝거렸다. 수업 시간에 박카스 광고를 보여 주고 한국 사람들은 응원의 마음을 담아 박카스를 선물하기도 한다는 말을 스치듯 한 적이 있는데, 그 학생은 다른 급수로 올라가서도 나에게 자주 박카스를 선물하며 작은 응원의 메시지를 보내 주었다. 개인 상담 시간에 그 학생과 한국 생활이 어떤지 이야기를 나누었는데 다른 나라에 살 때 굉장히 힘들었다며 이렇게 다시 한국에 와서 좋다고 했다.

또 기억에 남는 학생은 온라인수업에서 만난 미국 남학생이었다. 미국에서 태어나 미국에서 사는 학생이 한국어를 배우려고 수업을 신청한 것이다. 이 학생도 기본적인 대화는 가능했지만 조금 더 사회적이고 구체적인 내용에 대해서는 대답하기 어려워했다. 이 학생이 기억에 남는 이유 중 하나는 온라인수업을 할 때 미국 이름과 한국 이름을 번갈아 썼기 때문이다. 나와 일대일로 이야기할 때는 한국 이름을 썼다가 여러 학생이 같이 있을 때는 영어 이름을 사용했다. 학생에게 직접 이유를 물어보지는 않았지만 그 학생의 마음이 복잡하다는 것을 충분히 느낄 수 있었다.

러시아나 카자흐스탄, 우즈베키스탄 국적의 학생 중에는 고려인 3세가 많다. 또 한국 사람과 다른 나라 사람이 결혼해서 낳은 국제결혼 자녀도 만난 적이 있다. 요즘에는 부모님이 재혼해서 한국어를 배우러 오는 학생도 많아지는 것 같다. 대학교에서 한국어를 가르치는 나는 이주민가정자녀를 가르친 적이 없는데, 스무 살 이후에 한국 아빠나 엄마가 생겨서 낯선 한국으로 오게 되어 한국어를 배우는 학생을 종종 만난다. 한국 이름이 있지만 한국에 처음 와 보고 한국어도 전혀 하지 못하는 경우가 많았다. 그런 학생은 자신이 원해서 한국어를 배우는 것이 아니기에 열심히 공부하지 않고 자주 결석을 했다. 반대로 부모님의 이혼으로 엄마나 아빠와 헤어져 낯선 나라인 한국에 온 경우도 있었다.

이런 학생들도 한국어를 배우고 싶은 의지가 높지 않아 수업 시간에 표정이 어두울 때가 많다. 나는 이런 학생들을 만나면 가능한 한 빨리 개인 상담을 하는 편이다. 왜냐하면 수업 시간에 내가 하는 질문이 자칫하면 학생에게 상처가 될 수도 있기 때문이다. '가족 소개'를 배우는 날이었다. 이 수업을 할 때는 보통 친구와 말하기 활동을 하고 쓰기를 하거나 쓰기를 한 다음 발표를 한다. 그날은 쓰기를 한 후에 각자 발표하는 활동을 준비했고, 학생들이 쓰기를 하는 동안 나는 돌아다니면서 피드백을 했다. 그런데 한 학생이 아무것도 쓰지 않고 가만히 있었다. 초급 수업이라 내용을 잘 이해하지 못했나 싶어서 "왜 안 써요?"라고 속삭였더니 학생이 어두운 표정으로 고개를 저었다. 자신의 가족에 대해 쓰고 싶지 않은 것 같아 책에 있는 내용을 쓰게 한 뒤 발표 대신 다른 친구와 말하기 활동으로 바꿨다. 수업이 끝나고 학생과 잠깐 이야기를 나누었는데 학생은 번역기를 돌려 나에게 보여 주었다. 핸드폰에 "나는 새로운 아빠가 있다. 하지만 가족이 아니다"라고 쓰여 있었다. 그 학생은 엄마가 한국 남자와 재혼해서 한국에 왔다. 나는 비밀을 지키겠다는 뜻으로 손가락을 입에 댔고, 그 뒤에도 수업 시간에 가족과 관련된 이야기를 할 때는 조심했다.

한국어 선생이 자주 하는 질문 중 하나는 "여러분 나라는 어때요?"다. 3급이나 4급에선 한국의 날씨, 음식, 문화, 예절 등 한국에 대한 내용을 많이 배운다. 그래서 이런 내용을 배우기 전이나 후에 다른 나라는 어떤지 비교하면서 수업을 하는 편이다. 그런데 국적이 한국이거나 한국 이름을 가진 학생이 있으면 이 질문을 하기가 굉장히 조심스럽다. 그래서 학생마다 질문하지 않고 그냥 나라별로 묻는다. 한국 국적인 학생이라도 한국을 모국으로 생각하지 않을 수 있고, 아닌 학생이라도 자신이 한국 사람이라고 생각할 수 있다.

서당 개 3년이면 풍월을 읊는다고, 이제는 며칠 지켜보면 표정이 복잡 미묘한 학생을 찾아낼 수 있다. 단순한 이유로 한국어를 배우는 것이 아니라는 느낌이 온다. 그래서 좀 더 지켜본 다음에 약속을 잡고 수업이 끝나면 이야기를 나눈다. 대부분 한국어를 배우는 복잡한 이유가 있다. 한국에 오기 전에는 자신이 한국 사람이라고 생각했는데 막상 와 보니 한국 사람이 아닌 것처럼 느껴진다고 한다. 한국에 살아야 하는데 자기 나라로 다시 돌아가고 싶다고 한다. 한국어를 배우고 싶지 않은데 엄마랑 같이 살고 싶어서 배워야 한다고 한다. 나는 학생들의 이런 마음을 다 안아 주고 싶다.

{ 10 }
선생님, 저는 K-POP 안 좋아하는데요

내 이름은 이지은이다. 이 책을 읽는 독자 중에 '혹시 내가 아는 이지은인가?' 하고 생각하는 사람도 있을 것이다. 아마도 아는 사람 중에 '지은'이라는 이름을 가진 사람이 한 명 이상은 있을 테니까. 나는 어릴 때부터 같은 반에 같은 이름인 친구가 항상 있었다. 너무 흔한 이름이라 마음에 들지 않았고 번호를 붙여 불리지 않는 이름을 가진 친구들을 부러워했다. 하지만 한국어 선생님이 된 후에는 내 이름이 참 마음에 든다. 학기 첫날, 학생들을 만나 인사하면서 내 이름을 이야기하면 몇몇은 박수를 치면서 아주 좋아한다. 내 이름만으로 학생들을 즐겁게 할 수 있다니! 정말 감사한 일이다. 학생들이 내 이름을 듣고 반가워하는 이유는 가수와 배우로 활동 중인 아이유의 이름과 똑같기 때문이다. 학생들이 "선생님도 노래 잘해요?"라며 노래를 해 달라고 하면 이름만 똑같다며 부끄러워하지만, '이지은'이라는 이름이 가진 긍정적인 기운이 학기 초의 긴장된 마음을 가볍게 해 준다.

길거리를 걷다가 내 이름을 발견하고 사진을 찍어 보내 주는 학생도 많다. '이지은 발레 학원' 간판 사진을 보여 주며 "선생님, 발레도 가르쳐요?"라고 물어본 학생도 있고, 지하철 광고판에 붙은 공인중개사 합격자 명단에 있는 이름을 보내 준 학생도 있었다. 또 전공 책을 보다가 '지은이'를 보고 "선생님, 이 책을 썼어요?"라고 물어본 학생도 있었다. 내 이름으로 학생들과 즐거운 대화를 나눌 수 있어 이름을 지어 주신 부모님께 감사한 요즘이다.

무엇보다 감사한 사람은 가수 아이유다. 아이유는 내가 한국어를 가르치는 8년 내내 좋은 음악과 드라마와 영화로 다양한 활동을 하며 여전히 학생들에게 사랑받고 있다. 수업 시간에 유명한 사람을 만날 수 있다면 누구를 만나고 싶냐는 질문에 '아이유'라고 대답하는 학생이 꽤 있다. 한국어를 배우러 온 학생들에게 언제 한국어를 처음 알게 되었는지 물어보면 대부분 케이팝을 이야기한다. 한국 노래를 통해 한국어를 처음 접하고 노래가 마음에 들어 한국 가수와 그 가수가 말하는 한국어에 관심이 생겨 한국어를 배우는 경우가 많은 것이다.

그래서 학기가 시작될 때 학생들이 좋아하는 가수나 노래를 미리 알고 있으면 수업에 활용하기 좋다. 1급 수업에서 학생들이 배운 단어와 문법을 사용하는 활동에 특히 유용하다. 예를 들어 여러 가수의 사진을 PPT로 보여 주면서 "이름이 뭐예요?" "어느 나라 사람이에요?"(요즘 아이돌가수는 국적이 다양하다)라고 질문하며 학생들의 참여를 유도한다. 또 그룹 아이돌가수의 사진을 모아서 "몇 명이에요?"라고 질문하며 단위명사를 연습할 수도 있다. 문법 '~아/어 있다' '~고 있다'를 배운 후에는 좋아하는 가수의 사진을 선택해서 그 가수가 어떤 모자를 쓰고 있는지, 어떤 색깔의 신발을 신고 있는지 말하기 연습도 할 수 있다. 간접인용문을 배운 후에 한국 노래 한 소절을 들려주고 "이 가수가 뭐라고 했어요?"라고 질문하면서 간접인용을 연습하는 활동도 학생들이 즐거워한다.

하지만 이런 수업을 모든 학생이 즐거워하지는 않는다는 사실을 깨달은 적이 있다. 그날도 사진을 보여주면서 질문을 했는데 어떤 학생의 얼굴이 어두워 보였고 손을 들어 참여하지도 않았다. 수업이 끝나고 그 학생에게 물어보니 "선생님, 저는 한국 가수 몰라요. 안 좋아해요"라고 했다. 아차 싶었다. 나는 학생에게 뭘 좋아하는지 물었고 학생은 한국 프로게이머를 좋아한다고 했다. 그 뒤에 나는 프로게이머의 사진을 넣어 복습했고 그 학생도 즐겁게 참여했다.

초보 선생 시절에는 학생들의 관심을 끌기에 두 가지면 충분했다. BTS 그리고 『도깨비』. '나타나다'라는 표현을 설명할 때, "여러분, 드라마 『도깨비』에서 여자가 어떻게 하면 공유가 와요?"라고 질문하면 학생들이 모두 촛불을 부는 시늉을 했다. 공통된 관심사가 있으니 한국 노래와 드라마, 영화를 활용하기 참 좋았다.

하지만 요즘에는 학생들의 관심사가 다양해지는 것을 느낀다. 단순히 한국 아이돌가수가 좋아서 한국어를 배우는 학생은 오히려 줄었다. 대학교에 입학한 학생들을 대상으로 '노래로 배우는 한국어' 수업을 한 적이 있다. 다양한 한국 문화와 한국어 문법을 노래로 배우는 수업이었는데 마지막에 학생들에게 좋아하는 가수를 소개하고 좋아하는 노래의 가사를 설명하는 발표 과제를 주었다. 나는 학생 대부분이 BTS, 블랙핑크, 트와이스, 세븐틴 등 유명한 K-POP 가수를 소개할 거라 생각하고 발표 내용이 너무 겹치면 어떡하나 걱정했다. 하지만 걱정과 달리 한국 사람인 나도 들어 본 적 없는 아이돌가수나 인디가수, 래퍼를 소개한 학생도 많았다. 발표를 듣고 한국에 대한 학생들의 관심이 깊어지고 다양해졌음을 느꼈다.

학생들은 내가 미처 생각하지 못한 다양한 이유로 한국어를 배우러 한국에 온다. 8년 동안 많은 학생을 만나면서 학생들이 한국에 오게 된 동기가 다양해지는 것을 느낀다. 어떤 학생은 대학교 교양수업에서 배운 윤동주의 「별 헤는 밤」을 읽고 윤동주 시인에게 빠져 한국어를 공부하게 되었다. 그 학생은 윤동주 시인의 유명한 시뿐만 아니라 다른 시도 다 외웠고, 연구까지 하고 있다고 했다. 나는 그 학생이 윤동주 시를 줄줄 외우는 모습을 보면서 부끄러움을 느꼈다.

요리를 전공하는 어떤 학생은 한국 전통 옹기에 관심이 있어 한국에 왔다. 한국 음식을 요리해 보면서 고추장, 된장, 간장이 궁금해졌고, 그러다 전통 옹기에도 관심이 생겨 직접 연구하기 위해 한국에 왔다고 한다.

최근에 만난 한 학생은 한국 웹툰을 보고 한국에서 유명한 웹툰 작가가 되고 싶어져서 한국어를 배웠다. 요즘 세계 여러 나라에서 한국 드라마와 영화가 인기인데 원작이 웹툰인 경우가 많다. 그래서 한국 문화에 관심 있는 학생들은 자연스럽게 웹툰을 접하게 되는데 그 학생도 한국 웹툰을 보고 영향을 받았다고 한다. 그래서 한국어를 열심히 공부해 한국에서 웹툰 작가가 되어 돈을 많이 벌고 싶다는 꿈을 안고 한국에 왔다고 한다. 어떤 학생은 웹툰을 자기 나라 언어로 번역해 돈을 많이 벌려고 한국어를 배운다고 했다.

그 외에 한국의 날씨가 좋아서, 한국어 소리가 듣기 좋아서, 한글이 귀여워서 관심이 생겼다는 학생들도 있다. 그래서 요즘 여러 매체에서 다뤄지는 유학생의 이미지를 보면 한편으로는 아쉽다는 생각이 든다. 학생들은 K-POP만 좋아하지 않는다. 그리고 한국에는 K-POP 말고도 매력 있는 문화가 많다.

{ 11 }
한국어 선생의 사계절

이 직업의 최고 장점은 방학이 네 번 있다는 것이다. 봄 방학, 여름방학, 가을방학, 겨울방학! 1년에 네 번의 방학은 이 직업의 최대 매력이자 내가 이 일을 계속하는 이유 중 하나다. 물론 방학에는 월급이 없다.

학교마다 조금씩 차이는 있지만 한 학기가 보통 10주로 수업 시간은 총 200시간이다. 10주의 학기가 끝나면 짧게는 2주 길게는 4주를 쉰다. 방학이 좋은 이유는 아무 생각 없이 푹 쉴 수 있다는 점도 있지만 내 경우에는 일하는 기간이 짧아서 지루함을 느끼지 않는다는 것이다. 지루하고 피곤할 때쯤이면 방학이 성큼 다가와 있다. 8년 차인 요즘에는 몸이 10주를 기억해서 추석이나 설날 연휴가 끼어 11주 수업을 하는 학기에는 유독 피곤을 느끼기도 한다.

선생님마다 방학을 즐기는 방법이 다르겠지만 대부분은 짧은 여행을 다녀오고 더러는 길게 해외여행을 가기도 한다. 특히 봄방학과 가을방학은 비수기라서 더 저렴하고 여유 있게 여행을 다녀올 수 있다. 대학교 학부 수업이나 대학원 수업을 담당하는 선생님들은 방학이 겹치지 않는 경우도 있어서 여행은 못 가지만 여유를 즐길 시간은 충분하다.

이 일을 하면서 생긴 직업병(?) 중 하나는 연말이 아닌 학기가 끝나는 2월이 진짜 연말 같은 기분이 들고 1월이 아닌 3월이 한 해의 시작인 기분이 든다는 것이다. 8년째 이 일을 하면서 여러 학기와 여러 방학을 보냈다. 한국어 선생의 사계절을 소개해 보고 싶다.

먼저 방학 중에 새로 입학할 학생들의 급수와 반을 정하는 분반 시험이 있다. 지필시험과 말하기 시험을 친 후에 급수를 정한다. 새로 입학하는 학생들은 대부분 이제 한국어 공부를 시작하는 초급이지만 예전에 한국어를 배웠던 학생, 독학으로 공부한 학생 등도 있어 급수와 학습 경로가 다양하다. 신규 학생의 급수가 정해지면 기존 학생들이 다음 학기에 어떤 반에서 공부할지 국적과 성적 등을 고려해서 결정한다.

그리고 며칠 후에 개강 회의를 한다. 방학을 보내고 다시 모인 선생님들과 함께 다음 학기 학사 일정에 대해 의논하고 급별로 회의를 한다. 회의에서 내가 담당할 학생들의 명단을 확인하는데, 그때 개강이 다가오고 있다는 실감이 난다. 그리고 한 학기 동안 가르칠 교재와 수업 내용을 계획하고 수업을 준비한다. 나는 개강 전에 수업 준비를 많이 하지 않는 편이다. 왜냐하면 학생들을 아직 만나지 않은 상태에서 준비하면 나중에 직접 만났을 때 준비한 걸 못 쓰는 경우가 있기 때문이다. 그래서 개강 회의 후에는 개강 전까지 최대한 아무것도 하지 않고 쉬는 편이다.

드디어 개강 날이다. 강사실은 교재와 학생들에게 나눠 줄 자료를 챙기는 선생님들로 분주하고 은은한 긴장감이 감돈다. 나는 새로운 사람을 만날 때 긴장하기보다 기대하는 편이라 '이번에 만날 학생들은 어떨까?' 생각하며 개강 준비를 한다. 여러 자료를 챙겨서 교실에 들어가면 얼어 있는 학생들이 나를 멀뚱히 보며 앉아 있다. 개강 첫날은 한 학기를 결정짓는 중요한 날이다. 그래서 얼어 있는 분위기를 즐겁게 바꾸고 학생들의 기대감을 높이고 열심히 공부할 수 있는 동기를 부여하려고 노력한다.

9시가 되면 출석부에 적힌 이름을 부르며 학생들과 눈을 마주치고 인사를 나눈다. 학생들의 이름이 대부분 길어서 처음에는 풀 네임을 부르고 "어떻게 부르면 좋을까요?" 물으면 이름을 알려 준다. 출석을 다 부른 후에는 내 이름을 칠판에 쓰고 자기소개를 한다. 그리고 수업 기간과 수업 시간을 먼저 알려 주고 학사 일정을 하나씩 꼼꼼하게 보며 설명한다. 신규 학생이 많지 않으면 기존 학생들에게 질문하며 지루하지 않게 하려고 노력하고 신규 학생이 많으면 더 자세하게 설명한다.

그리고 학생들에게 '학생 기본 조사' 용지를 나눠 주고 한국어를 배우는 이유, 한국어를 공부할 때 어려운 점, 이번 학기에 배우고 싶은 것, 마지막으로 자기소개를 적도록 한다. 학생들이 그것을 작성할 동안 나는 이름을 외운다. 이 일을 하면서 새롭게 발견한 나의 능력은 학생의 이름을 빨리 외운다는 것이다. 학생들이 작성한 용지를 걷고 한 명씩 이름을 부르면 학생들은 아주 기쁜 표정을 짓는다(가끔 틀리는 경우도 있지만 맞히는 확률이 90센트다).

그다음에는 학생들이 한 명씩 나와서 자기소개를 하는 시간을 갖는데, 그냥 하라고 하면 이름과 나라를 말하는 정도로 끝내서 좋아하는 것 소개를 추가한다. 포스트잇을 주고 좋아하는 것을 적게 한 다음 칠판에 붙이고 그것에 대해 이야기하도록 한 적이 있는데, 학생들의 자기소개가 다 끝나고 포스트잇을 모아서 보는 재미가 있었다. 요즘에는 자기소개를 할 때 다른 학생들과 이야기하는 시간이 있으면 좋겠다고 생각해서 OX판을 하나씩 나눠 주고 "저는 한국 음악을 좋아해요. 여러분도 한국 음악을 좋아해요?"라고 질문하도록 한다. 그러면 학생들이 각자 O나 X를 들고 무슨 노래를 좋아하는지, 왜 좋아하는지 질문하면서 서로 간단하게 이야기를 나눈다. 그러면서 얼어 있던 학생들의 표정이 풀리고 학생들의 성향도 조금 파악된다.

자기소개가 끝나면 작은 종이를 나눠 주고 이번 학기의 목표를 적으라고 한다. 한국어로 적어도 되고 모국어로 적어도 된다. 이 종이를 모아서 작은 저금통에 넣어 두고 학기말 수료식 때 나눠 준다. 학생들은 한국어 공부에 대한 목표와 함께 다이어트하기, 남자친구 만들기 같은 개인적인 목표도 적는다. 10주는 생각보다 긴 시간이라서 수료식 날 그 종이를 나눠 주면 모두 잊고 있었다는 표정으로 종이를 보면서 다양한 반응을 보인다. 학생들과 함께 나도 목표를 적는데 우리 반 학생들과 무사히 한 학기를 보내겠다는 내용은 꼭 쓴다.

아직 끝나지 않았다. 마지막으로 교재와 함께 공부하는 방법을 소개한다. 교재 앞부분에 있는 전체 내용을 보여 주며 이번 학기에 배울 내용을 설명하고 교재에 나오는 등장인물들의 소개도 잊지 않는다. 그리고 교재 음원을 다운로드하는 방법, 각 과의 공부 순서, 학생들이 파파고에 의존하지 않도록 단어 공부하는 방법과 예습하는 방법을 알려 준다. '한국어 기초 사전'에서 단어를 찾거나 책 내용을 미리 읽어 보는 방법도 소개한다. 학생마다 공부하는 방법이 다른데, 좋은 방법도 있고 좋지 않은 방법도 있을 것이다. 그래서 개강 첫날 이 책을 공부하는 가장 좋은 방법을 소개하는 게 낫다고 생각한다.

여기까지 하고 나면 한 시간이 훌쩍 지나 있다. 시간이 남으면 진도를 나가기도 하지만 주로 '발음 게임'을 한다. 학생들에게 "방학 때 한국어를 많이 사용했어요?"라고 질문하면 대부분 웃으며 고개를 젓는다. 그래서 운동하기 전에 스트레칭을 하는 것처럼 한국어를 공부하기 전에 다 같이 간단하게 발음 연습을 한다. '내가 그린 기린 그림은 긴 기린 그림이고 네가 그린 기린 그림은 안 긴 기린 그림이다' 같은 문장으로 연습하면서 수업 전 예열을 한다. 팀전이나 개인전으로 발음 게임을 하기도 하는데 모든 발음을 정확하고 빠르게 하면 과자를 준다. 학생들 모두 적극적으로 참여하고 즐거워한다. 대부분 말을 더 잘하고 싶어 하기도 하고, '발음'의 중요성을 강조하기 위해서라도 시간이 있으면 꼭 한다.

개강 첫날 1교시 수업은 이렇게 끝난다. 첫날 분위기를 잘 잡아 두면 한 학기가 편하다. 그래서 즐겁고 열심히 공부하는 분위기를 만들려고 굉장히 애를 쓴다. 이제 학기가 끝날 때까지 수업이 계속 진행된다. 그리고 일주일에 한 번 급별로 모여 수업 내용에 대해 회의를 한다. 각자 맡은 중간시험 과목에 대해 피드백을 주고받는 시간도 가진다. 시험은 읽기, 쓰기, 듣기, 말하기 네 과목을 치고 급마다 시험 유형이 다르다.

중간시험을 친 후에는 학생들과 한 명씩 개별 상담을 한다. 시험 결과에 대해 피드백을 해 주고 학교나 한국 생활에 어려움이 없는지 이야기를 나눈다. 봄 학기와 가을 학기에 중급을 담당한 경우에는 고3 담임의 마음으로 대학교와 대학원 입학에 대한 이야기도 나눈다. 입학에 필요한 한국어능력시험과 입학 신청 일정이나 입학 시기를 함께 논의하는 것이다. 어떤 학생들은 나에게 개인적인 고민을 털어놓으며 울기도 한다. 내가 해결할 수 없는 일이 대부분이지만 같이 걱정하고 고민한다.

그런 이야기를 들으면 수업 시간에 질문할 때 더 신경을 쓰고 상담이 끝나도 계속 이야기를 나눈다.

내가 일하는 학교에서는 한 학기에 문화 수업을 두 번 하는데, 관련 전문가에게 한국 문화를 직접 배우는 수업과 문화 탐방을 가는 수업이 있다. 학생들은 태권도를 배우기도 하고 비빔밥을 만들기도 하고 한국 전통 악기인 장구를 배우기도 한다. 그리고 계절마다 다른 곳으로 문화 탐방을 가는데 담임을 맡으면 모든 문화 수업에 참여해서 학생들과 시간을 보낸다. 역사적인 곳에 가기도 하고 박물관에 가기도 하는데, 한국어만 배우는 것이 아닌 여러 체험과 경험을 할 수 있어 의미 있는 시간이라고 생각한다. 학생들과 같이 다니면서 수업 시간에 하지 못한 이야기를 나누는 재미도 있다.

문화 탐방을 다녀온 후에는 시간이 더 빨리 지나간다. 어느새 기말시험 기간이 찾아오고, 중간시험과 마찬가지로 각자 맡은 과목에 대해 피드백을 주고받고 수정하고 준비한다. 기말시험 마지막 날에는 수료 사정도 같이 해야 해서 바쁘다. 시험 점수와 출석률을 계산해서 수료 여부를 정한다. 수료증을 만들고 수료식을 준비한다. 수료하는 학생도 있고 아쉽게 수료하지 못하는 학생도 있다. 수료식 날에는 개강 첫날 적었던 목표와 수료증을 나눠 주며 학생들과 이런저런 이야기를 나눈다. 함께 사진을 찍고 학기를 마무리하면 방학이다.

그리고 쉬다 보면 어느새 개강 회의를 하는 날이 오고 새 학기가 시작되고 새로운 학생들을 만난다. 1년 네 번의 학기 중에 힘든 학기도 있고 정말 매 수업이 즐거운 학기도 있다. 하지만 힘든 학기도 즐거운 학기도 끝이 있다. 그래서 다행스럽기도 하고 아쉽기도 하다. 학기가 끝나면 이번 수업에 느꼈던 점을 간단하게라도 적어 두는데, 항상 진도에 쫓겨 학생들과 말하기 활동을 많이 하지 못해 아쉽다는 내용이 늘 들어간다. 그리고 방학 중에 학생들의 강의평가 결과를 받아 보는데 평가가 높으면 기분이 좋고 생각보다 낮으면 그 이유에 대해 생각해 본다.

네 번의 방학과 네 번의 학기를 보내다 보면 1년이 훌쩍 지나간다. 봄, 여름, 가을, 겨울을 보내고 나면 또 봄이 기다리고 있다. 힘든 학기를 보낼 때에도 이제는 크게 걱정하지 않는다. 소중한 방학이 기다리고 있으니까, 그리고 1년을 돌아보면 힘들었던 기억보다 즐거운 추억이 더 많다.

〔 12 〕
겉으로는 신의 직장

이제 조금 무거운 이야기를 해 보고 싶다. 아니 해야 한다. 한국어 선생으로 일하는 것은 내 적성에 맞고 만족도도 높지만 감내해야 할 부분이 많다. 모든 직업이 일장일단이 있겠지만 한국어 선생이라는 직업은 아주 치명적인 단점이 있다. 바로 '불안'이다. 제목 그대로 이 직업은 '겉으로는 신의 직장'이다. 매일 학생들과 교실에서 즐거운 시간을 보내고 방학에는 쉬면서 여행도 다녀올 수 있고 남들이 보기에 '선생'이라는 직업은 제법 멋지기도 하다. 하지만 우리는 늘 불안하다.

선생은 보통 교육부 소속이고 대학교에선 교원으로 분류되지만 한국어 선생인 우리는 '교원'도 '직원'도 아닌 어중간한 위치에 있다. 한국어교원 자격증은 교육부가 아닌 문화체육관광부에서 발급하며, 자격증을 받고 여러 학교에 소속되어 한국어를 가르친다. 그런데 우리는 어떤 학교에서는 '직원', 어떤 학교에서는 '교원'이다. 한국어 선생님이 된 이후로 여러 학교의 채용 공고나 학술대회에서 한국어교원에 대한 처우와 관련된 내용을 보았다. 가장 큰 문제점은 학교마다 채용 조건이나 과정이 다르다는 것이다. 또 같은 학교에서 일하더라도 입사 시기에 따라 '교원' 혹은 '직원'으로 분류된다. 하지만 중요한 건 '교원'이든 '직원'이든 모두 불안하다는 것이다. 여러 법이 얽히고설켜 어두운 빈틈 속에 한국어 선생이 있다.

　나는 매일 여러 학교의 채용 공고를 찾아본다. 한국어 선생이 된 이후 생긴 습관이다. 다른 학교로 이직하기 위해서가 아니라 어떤 조건으로 일하는지 알아보고 싶어서다. 다른 선생님들처럼 모든 학교의 근무 조건과 채용 조건이 동일하다면 이런 습관은 생기지 않았을 것이다. 어떤 학교는 4대보험이 적용되고 어떤 학교는 4대보험이 있기는커녕 채용 기간도 짧다. 한국어 선생을 준비할 당시 여러 학교의 채용 공고가 올라오는 것을 보고 '일할 데가 많구나' 생각했다. 하지만 이 일을 오래

해 보니 일할 데가 많은 것이 아니라 계약직이라 공고가 자주 올라오는 것이었다. 일할 곳이 많은 것이 아니라 채용되더라도 기간이 짧은 것이었다.

왜 이렇게 채용 공고가 많고 그 내용도 다 다를까? 가장 먼저 드는 생각은 이 직업이 '쉽다'고 생각하는 사회적 분위기 탓인 것 같다. 인터넷에 떠도는 한국어교원 양성과정 프로그램 광고를 보면 쓴웃음이 날 때가 많다. 쉽게 자격증을 따고 쉽게 취업할 수 있다고 홍보하기 때문이다. 다른 어떤 것을 가르치는 직업보다 한국 사람이 한국어를 가르치는 직업을 너무 가볍게 여기는 분위기가 있는 것 같다. 나도 이 직업을 처음 알게 되었을 때 이렇게까지 어려울 것이라고는 생각하지 못했다. 하지만 한국어 선생은 다른 선생님들과 마찬가지로 선생으로서 갖추어야 할 소양과 능력과 지식이 필요하며, 여러 나라의 학생들을 만나기 때문에 다양한 문화에 대해 열린 사고도 가져야 한다. 한국어로 한국어를 가르치는 것은 정말 쉽지 않다. 어렵다. 정말 어렵다. 하지만 여전히 이 직업은 쉽게 접근할 수 있고 채용 공고를 내면 늘 지원자가 많기 때문에 학교에서는 처우 개선의 필요성을 느끼지 못하는 것 같다.

그리고 한국어 선생들도 생각이 각자 다 다르다. 어

떤 사람은 한 학교에 정규직으로 채용되어 4대보험을 받으면서 안정적으로 일하고 싶어 한다. 하지만 또 어떤 선생님은 한 학교에 소속되기보다 여러 학교에서 수업하고 싶어 한다. 어떤 사람은 수업을 많이 해서 돈을 많이 벌고 싶어 하고 어떤 사람은 적당히 수업하고 적당히 돈을 벌고 싶어 한다.

학교마다 선생마다 생각도 다르고 중요하게 여기는 것도 달라 우리는 늘 제자리걸음이고 늘 불안하다. 나는 이 불안을 떨쳐 내기 위해 한국어 선생이 된 이후에도 계속 공부했다. 한국어 수업이 끝나면 김밥 한 줄후다닥 먹고 박사과정 수업을 들으러 갔다. 학비 내는 것도 쉽지 않았다. 수업을 하고 월급을 받지만 생활비에 학비까지 대기엔 역부족이라 학자금 대출을 받은 적도 있다. 하지만 공부할 때는 불안하지 않았다. 희망이 있었기 때문이다. 박사 수료를 하고 나서는 또 불안했다. 박사 수료는 석사학위나 마찬가지라는 생각이 들었다. 그래서 또 박사학위를 받으려고 최선을 다했다. 박사학위를 받고 나서 학부생과 대학원생을 대상으로 한국어수업을 하고 있지만 나는 지금도 여전히 불안하다. 대학교 강사법은 기간이 3년으로 정해져 있어 3년이 지나면 어떻게 될지 모르기 때문이다.

어쩌면 나 혼자 이렇게 불안을 느끼는지도 모른다. 하지만 한국어 선생이 사회적으로 중요한 직업이며 정당한 대우를 받아야 한다는 것에 공감하는 사람들이 분명히 있으리라 믿는다. 해마다 한글날이 되면 한글의 우수성을 자랑스러워하는 뉴스 기사가 나오고 여러 행사가 화려하게 진행된다. 한국어 선생에 대한 처우가 개선되어야 한다는 뉴스 기사는 잠깐 나왔다가 다음 날이면 사라진다. 최근에 2027년까지 유학생 30만 명을 유치하기 위해 여러 제도적 논의가 이루어지고 있다는 뉴스를 봤다. 유학생을 '많이' 유치하는 것보다 중요한 건 제일 가까이에서 유학생을 가르치는 한국어 선생에 대한 제도적인 뒷받침이 먼저 이루어지는 게 중요하지 않을까?

또 한 가지 안타까운 것은 유학생이 너무 '쉽게' 대학교에 입학한다는 것이다. 유학생의 한국어 실력은 한국어능력시험으로 평가한다. 1급과 2급이 초급이고 3급부터 6급까지가 중고급인데, 4급이나 5급을 받더라도 대학교에서 전공 공부를 하기는 쉽지 않다. 하지만 요즘에는 한국어능력시험 급수가 없어도 대학교에 입학할 수 있고, 유학생만을 위한 전공이 신설된다는 소식도 들었다. 이것은 유학생을 위한 것도, 한국어 선생을 위한 것도 아니다. 오로지 학교의 이익을 위한 것이다. 입학

장벽이 낮아진다는 것은 대학 교육의 질이 낮아진다는 의미다. 학생들은 한국어 능력이 충분치 않아 수업 시간에 번역기를 돌리느라 바쁠 것이고, 그런 학생들을 가르치는 교수들은 불만이 가득할 것이다. 학생들이 충분한 시간을 가지고 한국어, 한국 문화, 대학 생활에 필요한 여러 가지 역량을 배운 후에 입학한다면 대학교에 더 잘 적응할 테고 교수들 또한 부담이 없을 것이다.

상황을 바꾸기에는 너무 늦은 것일까? 한국어 선생들은 '불안' 없이 정당한 대우를 받으며 한국어 수업을 하고 유학생들도 '걱정' 없이 한국어 실력을 갖춘 후에 입학해 즐겁게 전공 공부를 할 수는 없을까? 나는 지금이라도 늦지 않았다고 생각한다.

{ 13 }

한국어 선생, 계속할 수 있을까요?

나는 누구보다 한국어를 잘 가르친다고 말할 수는 없지만, 누구보다 이 직업을 사랑한다고 자신 있게 말할 수 있다. 교실에 들어가면 나를 기다리는 학생들이 있고 그 학생들과 즐거운 시간을 보내고 나면 수업이 끝난다. 학생들과 지내다 보면 내가 배우는 점도 많다. 또 힘들다 싶으면 방학이 온다. 방학이 끝날 때쯤이면 또 학생들을 만나고 싶다. 수업을 하면서 지친다 싶으면 또 방학이 온다. 정말 1년이 금방 지나가는 느낌이다.

행복하고 즐거운 만큼 불안의 무게도 크다. 이 일을 계속할 수 있을까 불안하기도 하고 지금처럼 즐기면서 할 수 있을까 걱정도 된다. 하지만 나는 이 '불안'을 감내

하고서라도 이 일을 계속하고 싶다. 평생직장은 없다지만 나는 이 직업을 평생직업으로 삼고 싶다.

내가 한국어를 가르치는 이 직업을 사랑하는 이유는 계속해서 배울 수 있기 때문이다. 먼저 가까이에 있는 동료 선생님들에게 배울 것이 많다. 나는 경력이 많지도 적지도 않은 8년 차 한국어 선생이다.

나보다 경력이 훨씬 많은 선배 선생님들이 지금도 여전히 이 일을 즐기며 수업하는 모습을 보면 마음속에서 존경심이 솟아오른다. 학생이나 동료 선생님을 대하는 모습을 보면서 많은 것을 배운다. 어떤 선생님에게는 소외되는 학생이 없도록 모두에게 같은 사랑을 줘야 한다는 것을 배웠고, 어떤 선생님에게는 수업 시간을 지키는 것이 중요함을 배웠다. 그리고 경력이 오래되었음에도 학생에 대해 이야기할 때 즐거워하는 모습을 보며 학생들에 대한 애정도 느꼈다. 퇴근 후에도 수업 자료를 만들고 더 재미있는 수업을 위해서 동료 선생님들과 이야기를 나누는 모습을 보며 수업에 대한 열정도 느낄 수 있었다. 나도 선배 선생님들처럼 시간이 흘러도 여전히 수업이 재미있고 학생들에게 애정이 가득한 선생이 되고 싶다.

나보다 경력이 적은 선생님들에게도 배울 점이 있

다. 내가 초보 선생 시절에 그랬듯 열정 가득한 눈빛을 보면 사라졌던 열정이 되살아난다. 또 새로운 활동에 대한 아이디어도 신선하다. 나는 시간이 지나면서 학생들과 어떤 세대 차이 같은 것을 느끼곤 하는데, 후배 선생님들이 학생들과 이야기하는 모습을 보면 세대 차이 없이 가까운 느낌이 든다.

학생들에게 배울 점도 많다. 시험 감독을 할 때 열심히 문제를 푸는 학생들을 보면 느끼는 게 많다. 어떤 학생은 미간을 찌푸리고 어떤 학생은 손톱을 깨물고 다리를 떨기도 하며 집중한다. 좋은 점수를 받으려고 각자의 방법으로 문제를 푸는 모습에 나도 저렇게 열정적인 학생이었나 되돌아보고 이번 학기에 수업을 잘했는지 반성하기도 한다. 나는 유학 경험이 없어 혼자 유학 생활을 성실하게 하는 학생을 보면 대견하다는 생각이 든다. 혼자 낯선 곳에 와서 살 집을 찾고 공부하고 아르바이트하며 열심히 생활한다. 대학 입학 후에도 성실하게 공부해서 장학금을 받았다며 연락을 한다. 졸업 후에는 대학원에 가서 계속 공부하는 학생도 있고 본국으로 돌아가서 취업하는 학생도 있다. 나보다 나이가 훨씬 많은 학생을 만날 때도 있는데 수업 시간에 그 어떤 학생보다 열정적이다. 그 열정에 보답하기 위해서 나는 더 열심히 수업을 준비한다.

수업을 잘하려면 배워야 할 것이 여전히 산더미다. 학생들을 가르칠 때마다 한국 문화나 역사에 대한 지식이 부족하다고 느낀다. 교재에 나오는 내용을 가르치기 위해 책을 찾아보고 인터넷을 뒤지는 때도 많다. 교재에 실린 내용뿐만 아니라 모든 한국 문화와 역사를 더 깊이 공부해야 한다.

학생들의 언어도 배워 보고 싶다. 유창하게 외국어를 하기 위해서가 아니라 다른 언어의 특징을 배우면 한국어를 가르칠 때 다양하게 설명할 수 있을 것 같기 때문이다. 내가 배운 외국어는 영어, 중국어, 일본어가 전부인데 다양한 언어를 배우면 학생들이 어려워하는 부분을 파악하고 어떻게 가르쳐야 더 쉽게 이해할지 방법을 찾을 수 있을 것 같다.

또한, 학생들의 발음에 관심이 많아 한국어 발음 교육을 계속 공부하고 연구해서 전문가가 되고 싶다. 말하기를 할 때 단어 선택이나 내용 못지않게 정확한 발음도 중요하다고 생각한다. 학생들이 자신감 있게 한국어로 말할 수 있도록 좋은 방법을 계속 연구하고 싶다.

한국어 선생으로 일하면 배우는 것도 많고 배워야 할 것도 많다. 배우는 것을 좋아하는 나에게 이 직업은 안성맞춤이다. 배워도 배워도 배울 것이 있다. 나는 우연히 이 직업을 만났고, 이 직업을 얻기 위해 누구보다 치열하게 살았다. 그래서 이 직업에 대한 애정도 남다르다. 나는 여전히 이 직업이 좋다. 은근하게 온기를 유지하는 온돌처럼 앞으로도 이 일을 사랑하고 싶다.

다시 한번, 두 번 다시

이 책을 쓰면서 정말 많은 눈물을 흘렸다. 태어나서 처음 흘리는 종류의 눈물이었다. 8년 동안 마음속 머릿속에 눌려 있던 것들이 내 손가락을 통해 글이 되면서 굵은 눈물도 같이 나왔다. 그리운 학생, 재미있었던 수업, 치열했던 시절의 감정이 뒤섞인 눈물이었다. 하지만 울고 나면 개운했다. 그만큼 니의 모든 경험과 생각을 솔직하게 쓰려고 노력했다.

나는 늘 내 직업에 대한 글을 쓰고 싶었다. 하지만 용기가 없었다. 그런데 2022년 봄, 매일 들어가는 한국어 선생님 카페에서 어떤 선생님의 글을 보게 되었다. 여러 곳에서 한국어를 가르치는 선생님들과 함께 책을 쓰고 싶다는 내용이었다. 나는 글을 읽자마자 지원했다.

책을 기획하고 질문을 준 분은 홍지 선생님이었다. 1년 동안 질문지를 주고받으며 여러 이야기를 나누었다.

그렇게 2023년 봄, 『당신과 나의 한국어』라는 책이 나왔다. 열아홉 명의 한국어 선생님이 참여했는데, 한 사람이 썼다고 느낄 정도로 공감되는 부분이 많았다. 내가 참여한 책이 세상에 나오다니! 서점에서 책을 검색해서 찾고 손으로 만지며 뿌듯함을 느꼈다. 혹시나 다른 사람이 볼 수도 있으니 도서 검색 화면도 끄지 않았다.

다시 일상으로 돌아와 봄학기 수업을 했다. 그리고 얼마 뒤 메일이 한 통 왔다. 유유출판사 김은우 편집자의 출판 제의 메일이었다. 다시 한번 나에게 기회가 왔다.

두 번 다시 이런 기회는 없을 것 같았다. 그래서 두 번째 용기를 냈고, 여러 사람의 응원으로 이 책을 완성할 수 있었다.

먼저 글을 쓰는 재미를 알게 해 준 홍지 선생님에게 감사드리고, 직업에 대한 깊은 애정을 알아봐 준 김은우 편집자에게도 감사 말씀을 드리고 싶다. 그리고 무한한 응원을 보내 준 가족에게도 감사의 마음을 전하고 싶다. 무엇보다 출판 제의와 함께 찾아온 우리 딸 이쁘에게도 고맙다고 말해 주고 싶다. 뱃속에서 엄마를 응원하던 이

뽀의 발차기를 잊을 수 없을 것이다.

　　마지막으로 내가 만났던 모든 학생에게 감사와 사랑을 전한다. 수업 시간에 나를 보며 눈빛을 반짝거리던 학생들의 얼굴이 아직도 생생하다. 앞으로도 그 눈빛을 잊지 않고 한국어를 재미있게 가르치는 선생님이 되리라 다짐해 본다.

한국어 수업하는 법
: 우리말로 세계와 만나기 위하여

2023년 10월 14일   초판 1쇄 발행

지은이
이지은

펴낸이	**펴낸곳**	**등록**
조성웅	도서출판 유유	제406-2010-000032호(2010년 4월 2일)

주소
경기도 파주시 돌곶이길 180-38, 2층 (우편번호 10881)

전화	**팩스**	**홈페이지**	**전자우편**
070-7731-2949	0303-3444-4645	uupress.co.kr	uupress@gmail.com

페이스북	**트위터**	**인스타그램**
facebook.com /uupress	twitter.com /uu_press	instagram.com /uupress

편집	**디자인**	**조판**	**마케팅**
김은우, 류현영	이기준	한향림	전민영

제작	**인쇄**	**제책**	**물류**
제이오	(주)민언프린텍	다온바인텍	책과일터

ISBN 979-11-6770-071-1 03710
       979-11-85152-36-3 (세트)